Un Manual para los Discípulos de Hoy

Un Manual para los Discípulos de Hoy

en la Iglesia Cristiana
(Discípulos de Cristo)

Edición Revisada

D. Duane Cummins

Traducción de Conchita Delgado

St. Louis, Missouri

© Derechos 1999 Chalice Press

Derechos reservados. Ninguna parte de este libro puede reproducirse por ningún método sin el permiso escrito de la casa publicadora. Dirección: Chalice Press, Box 179, St. Louis, MO 63166.

A menos que se indique lo contrario, todos los pasajes bíblicos en esta publicación tomado de la Biblia Reina-Valera Revisada (c) 1960 Sociedades Bíblicas en América Latina. Usado con permiso.

Visit Chalice Press on the World Wide Web at
www.chalicepress.com

10 9 8 7 6 5 4 3 2 1   99 00 01 02 03 04

A
SUZI

Acompañante en la Fe
Compañera en la Vida

Reconocimientos

La preparación de esta segunda edición añade agradecimiento a muchas personas.

A Lawrence S. Steinmetz y Frank Helm les expreso profunda gratitud por su cuidadosa ayuda en la investigación.

A Ronald E. Osborn y Clark Williamson, les extiendo apreciación constante for su lectura esmerada y críticas valiosas.

A Jim Suggs y David Polk por su apoyo a la publicación de esta nueva edición, les estoy intensamente agradecido.

A Margaret Stewart y Sherry Tallman quienes pacientemente transcribieron el manuscrito final en un procesador de palabras, les expreso mi aprecio sincero.

D. Duane Cummins
Colegio Betania
1 de enero de 1991

Tabla de Contenido

1. Los Discípulos: Un Esbozo Histórico 1

2. Los Discípulos y el Pensamiento Cristiano 14
   Las Escrituras 14
   Dios 17
   Jesucristo 19
   El Espíritu Santo 22

3. Los Discípulos y los Sacramentos 26
   El Bautismo 26
   La Cena del Señor 29

4. Los Discípulos en Adoración 33
   Adoración 33
   Oración 36
   Temporadas 38

5. Los Discípulos y la Misión 40
   Búsqueda de la Unidad 40
   Misión Global 44

6. Los Discípulos y los Asuntos Ético-Morales 48

7. Los Discípulos y la Estructura Eclesiástica 54
   El Ministerio 54
   El Laicado 58
   El Diseño 60

8. Los Discípulos como Miembros de la Iglesia 67

Introducción

Un Manual Para los Discípulos de Hoy se ha elaborado para ayudar a los miembros de la iglesia de hoy a comprender la herencia, la misión, el pensamiento, la adoración y la estructura de la Iglesia Cristiana (Discípulos de Cristo). Está diseñado para usos múltiples: (1) una visión panorámica para miembros nuevos; (2) un compendio actualizado para miembros de varios años; (3) una sinopsis para el lector casual; y (4) una guía resumida para cursos de estudio sobre la Iglesia Cristiana (Discípulos de Cristo).

Los capítulos de este volumen son independientes el uno del otro. El lector puede organizarlos en cualquier orden y considerarlos en la secuencia que desee. Aquellos lectores no familiarizados con la historia de los Discípulos deben comenzar por el Capítulo 1, "Los Discípulos: Un Esbozo Histórico," ya que éste establece el contexto dentro del cual pueden entenderse más fácilmente todos los capítulos subsiguientes. Aquellos que conocen la herencia pueden comenzar a leer donde así lo deseen.

En las páginas que siguen usted descubrirá un sentido profundo de misión único en los anales de la religión, una devoción ardiente a la integridad de la preferencia personal y una fortaleza de fe extraordinaria. Es un legado grandioso. Es un legado de los Discípulos; uno que debe ser leído y apreciado.

Presentación

Es con gran placer que presento a la comunidad hispanoparlante la segunda edición del libro del Dr. D. Duane Cummins en español: *Un manual para los Discípulos de hoy,* cuyo propósito principal es contribuir a la formación cristiana de las personas que desarrollan su fe en Cristo en las diversas congregaciones de la Iglesia Cristiana (Discípulos de Cristo) de habla castellana. Específicamente, el libro introduce y discute varios de los grandes temas y asuntos que han ocupado y preocupado a los hombres y las mujeres que construyen el Reino, desde la particular perspectiva teólogica, misionera, administrativa e histórica de los Discípulos de Cristo.

Se incluyen en la obra ocho capítulos que ponen de manifiesto varias de las preocupaciones más importantes e intensas de nuestra denominación. En primer lugar, se articula una breve presentación histórica, que divide nuestra vida denominacional en cinco períodos fundamentales. Esta historia subraya, además, la identificación de personajes importantes y la revisión de las experiencias que afectaron el desarrollo y crecimiento de nuestro movimiento cristiano desde sus orígenes, hasta los importantes cambios estructurales y administrativos de las décadas pasadas.

Los próximos cinco capítulos discuten temas teológicos, que van desde la autoridad de las Escrituras, hasta la discusion de asuntos éticos y morales en medio de las asambleas anuales y también en las iglesias locales. Particularmente importante para las congregaciones hispanas es el analisis de varios temas de relevancia teológica y práctica en nuestras congregaciones:

p. e., el Espíritu Santo, la Cena del Senor, la adoración cristiana, la unidad cristiana y la misión. Las discusiones sobre estos asuntos teológicos son sobrias y educativas, y presentan un balance adecuado que hace justicia a la herencia de pluralidad y respeto de nuestra denominación.

Para finalizar, el Dr. Cummins incluye dos capítulos de temas administrativos y eclesiásticos. El primero tiene que ver con la estructura de la denominación y sus implicaciones teológicas y regional y general. El segundo atiende asuntos de orden práctico y concreto: p.e., cómo incorporarse a las dinámicas de las iglesias locales con sabiduría y conocimiento. Estos temas ponen punto final a una obra bien pensada y adecuadamente escrita.

Este libro es breve, claro y sencillo, y su metodología de análisis incluye citas importantes de las Sagradas Escrituras y también referencias directas a "El Diseño" de la Iglesia Cristiana (Discípulos de Cristo) en los EUA y Canadá. Puede fácilmente utilizarse en clases para nuevos convertidos o nuevos miembros de la iglesia, para revisar y repasar los grande temas y eventos que han afecado a nuestras congregaciones y denominación a través de los años, y también, para tener una perspectiva global de nuestra herencia como Discipulos de Cristo de habla castellana.

La traducción del libro al español es muy buena. Conchita Delgado ha tomado en consideración en su traduccion no sólo los asuntos lingüísticos, semánticos y estilísticos relacionados con empresas de esta naturaleza, sino que ha revelado sensibilidad para la traduccion de términos técnicos que requieren compresión de asuntos sociolingüísticos y sociorreligiosos.

Recomiendo este libro pues llena un vacío bibliográfico en las bibliotecas de líderes ministeriales y laicos de los Discípulos de Cristo. Lo recomiendo, además, pues es una lectura buena, grata, inteligente, y educativa.

¡Enhorabuena!

Dr. Samuel Pagán
Seminario Evangélico de Puerto Rico

1

Los Discípulos: Un Esbozo Histórico

Ésta es una historia con muchos apellidos—«Un Movimiento Religioso Americano,» «La Segunda Reforma,» «El Movimiento de Restauración,» «Un Experimento en Libertad,» «Reforma para la Unidad Cristiana»—y cada uno ofrece una dimensión adicional a la personalidad ricamente diversa del tema. Ésta es la historia de la Iglesia Cristiana (Discípulos de Cristo).

Las líneas de pensamiento y espíritu que dan forma a la narración se extienden desde lugares remotos en tiempos lejanos y desde lugares más cercanos en el pasado inmediato. Se extienden desde la Antioquía y Corinto del siglo primero; desde el Glasgow y County Down del siglo dieciocho; desde Bethany y Cane Ridge del siglo diecinueve; y desde una tierra nueva conocida como «el taller de la libertad,» reconocida por su voz egalitaria, su pensamiento pragmático, y su creencia inmensa en el valor y la capacidad del individuo. Estas muchas líneas de génesis moldearon los instintos básicos e intuiciones de la Iglesia Cristiana (Discípulos de Cristo).

1804/09—1830: Concepción

Para el 1800 el tumulto de la Revolución Norteamericana iba alejándose en el tiempo y con ella una temporada de invierno en los anales de la religión americana. Una nueva oleada de avivamiento religioso bullía a través de la nación, desafiando a la religión institucional y clamando por un retorno a la iglesia del Nuevo Testamento. Con el correr del tiempo, el nuevo avivamiento se integró con el proceso de colonización, el cual siguió su curso natural de establecer la religión como el nivel próximo de organización social después de la familia.

La frontera, siempre un campo fértil para el experimento social y cultural, se convirtió en un semillero instantáneo para nuevas sectas religiosas, facciones y creencias. Los colonizadores de la frontera, confiados en sí mismos, buscaban un tipo de cristianismo que reflejara su propio carácter: individualista, sin complicaciones, libre de autoridad corporativa y de ataduras de tradiciones. La iglesia formalizada de la época no ofrecía tales características y se convirtió en irrelevante para los colonizadores de la frontera. Los movimientos religiosos simples, prácticos e independientes generados por el nuevo avivamiento capturaron el espíritu de los pioneros antiguos.

Bien entrado el verano de 1801, un avivamiento notorio en Cane Ridge, auspiciado por el espiritual Barton W. Stone, un ministro presbiteriano en Bourbon County, Kentucky, determinó el tono del evangelismo religioso allende un siglo. Las autoridades presbiterianas, escandalizadas por la indiferencia hacia la doctrina, la ausencia de distinciones denominacionales y la conducta fogosa de muchos de los participantes en Cane Ridge, hicieron una crítica tan acerba que culminó en la división del presbiterio. El 28 de junio de 1804, Barton Stone y los cinco colegas que habían formado el nuevo presbiterio, emitieron un documento memorable en la historia de la libertad religiosa, titulado «*La Última Voluntad y Testamento del Presbiterio de Springfield.*» El documento disolvía de plano la nueva organización de ellos. En este desafío sin precedente a la autoridad, los reformadores rehusaron reconocer cualquier organización que estuviese por encima de la congregación. Señalaron a las Escrituras como su única fuente de autoridad, y proclamaron la unión con todos los creyentes en Cristo mediante la intención expresa de «sumergirse en unión con el Cuerpo de Cristo.» Este grupo autónomo de reformadores, alentados por Barton Stone, tomó para sí mismo el nombre de *Cristianos*. Su defensa popular de independencia, simplicidad y su sentido práctico atrajeron a un séquito determinado de gente de la frontera.

Ya se habían plantado semillas similares de reforma entre los Metodistas en Virginia por James O'Kelly y entre los Bautistas de New Hampshire por Elías Smith, antes de llegar a los Presbiterianos de Kentucky. Las semillas de reforma también se dispersaron por la región montañosa del oeste de Pensilvania, a donde Tomás Campbell, un ministro erudito escocés-irlandés, inmigró en el 1807. Había llegado a las tierras vírgenes de Allegheny, abatido por la fragmentación de la iglesia Presbiteriana en sus islas nativas e impulsado por el deseo de reforma. Pronto entró en contienda con las autoridades Presbiterianas en América y organizó la Asociación Cristiana de Washington, Pensilvania, fuera de líneas denominacionales. El 7 de septiembre de 1809, Campbell puso en circulación su famosa «Declaración y Mensaje,» destinada a convertirse en rumbo y compás de todo el movimiento. Ningún otro documento lo iguala en la influencia que ejerció sobre la Iglesia Cristiana (Discípulos de Cristo). Contenía trece proposiciones para la restauración de los principios de la iglesia neo-testamentaria y para lograr la unión cristiana. La proposición más ampliamente citada era la primera: «Que la iglesia de Cristo en la tierra es esencial, intencional y constitucionalmente una.»

Pocas semanas después de la publicación del documento, Alejandro Campbell, el hijo de veintiún años de Tomás Campbell, arribó a América. Recién graduado de la Universidad de Glasgow, Alejandro estuvo en completo acuerdo con el llamado a la reforma en la «Declaración,» y rápidamente descartó mucha de la experiencia de Glasgow. En poco tiempo desplazó a su padre como líder de la pequeña comunidad de reformadores. En el 1811 la Asociación Cristiana se reconstituyó como la Iglesia de Brush Run, adoptando un formato escritural del «orden antiguo de las cosas». Este formato incluía varios preceptos del Nuevo Testamento:

- Cristo, la piedra angular de su fe y cabeza de la iglesia.
- La Biblia, autoridad única, con énfasis en el Nuevo Testamento.
- Bautismo por inmersión y para creyentes responsables.
- La Santa Cena, celebrada semanalmente.
- Gobierno, perteneciente al liderazgo congregacional, sin distinción entre el clero y el laicado.

La congregación de Brush Run estaba confederada libremente con la Asociación de Bautistas de Redstone. El 30 de agosto de 1816 Alejandro Campbell pronunció su ahora célebre «Sermón sobre la Ley» en Cross Creek, proclamando valientemente que los cristianos vivían bajo la gracia, no bajo la ley; bajo Cristo, no bajo Moisés; bajo el Nuevo Testamento, no bajo el Antiguo Testamento. Esta ruptura con la doctrina Bautista ocasionó la expulsión abrupta de los reformadores de Brush Run de la Asociación de Redstone. La pequeña congregación continuó tranquilamente su vida en una relación de asociación con la vecina Asociación Bautista Mahoning a la cual se había unido antes de la expulsión de Redstone.

Durante los años sobrecargados de la década de 1820, los movimientos de Stone y Campbell salieron del provincialismo geográfico que había impedido el crecimiento y desarrollo de sus reformas respectivas. Luego de una década de trabajo que pasó mayormente desapercibido, Alejandro Campbell se envolvió en una serie de debates a los que se dio amplia publicidad, publicó un himnario *Cristiano* así como una versión moderna del Nuevo Testamento, e inauguró la circulación de un periódico, *El Bautista Cristiano*. Stone publicó su propio periódico, *El Mensajero Cristiano*, y cultivó la amistad de Campbell. A finales de la década, otro recién llegado de las montañas de Escocia, Walter Scott, comenzó a trabajar como evangelista de la Asociación Mahoning para promover el movimiento de restauración. Mediante un llamamiento práctico y electrizante, la «Voz del Oráculo Dorado» atrajo miles de ex-Bautistas a la reforma y ganó reputación como una de las figuras centrales del movimiento. El evangelismo extraordinario de Scott fue la llave que abrió los grilletes parroquiales y le dio al movimiento su libertad para crecer.

La expulsión de reformadores seguidores de Campbell-Scott de asociaciones Bautistas se convirtió en una práctica común. La acción tomada en Austintown, Ohio, en el 1830, cuando la Asociación Bautista Mahoning votó para disolverse como tal, fue un asunto de mayor consecuencia. Aunque los reformadores de Brush Run y los Bautistas nunca habían logrado un consenso armonioso en asuntos de fe y política, la disolución fue inesperada. Este suceso marcó un hito en la historia del movimiento reformador. Desde ese momento los reformadores eran claramente independientes, no trabajaban ya en asociación con una denominación establecida, y de ahí en adelante fueron identificados claramente como «Discípulos» en vez de Bautistas. Fue el momento del nacimiento.

1830—1866: Los Años de Infancia

El Heraldo Milenario, cuyo autor y editor era Alejandro Campbell, apareció en el 1830, sustituyendo al antiguo *El Bautista Cristiano. El Heraldo,* de tono más moderado hacia la necesidad de una estructura eclesiástica, insinuaba un despertar al sentido de responsabilidad social en el pensamiento de Campbell, ayudando a pavimentar el camino para la unión eventual con el movimiento iniciado por Barton Stone. A pesar de intercambiar editoriales inflamatorios con el más conciliador de Stone, Campbell favorecía la idea de la unión entre estos grupos afines, idea que se cristalizó el 1 de enero de 1832 en la Iglesia Cristiana de la Calle Hill en Lexington, Kentucky.

Los Discípulos y los Cristianos emprendieron el delicado proceso de convertirse en uno. Encontraron que tenían puntos de convergencia en el rechazo de credos humanos, la aceptación de Cristo como centro de su fe, el reconocimiento de la autoridad suprema de las Escrituras y la proclamación de su deseo mutuo de unión. En materia de evangelismo, conceptos de ministerio, frecuencia de la comunión y forma de bautismo, no se produjo consenso. Los asuntos más esenciales relacionados con el equilibrio entre la libertad y el orden y entre la fe y la razón, permanecieron en tensión creativa. Sin solucionar quedó también el asunto menor de un nombre apropiado. Campbell insistía en el uso de «*Discípulos*» como identificación más histórica, bíblica y descriptiva. Stone insistía con igual vehemencia en el uso de «*Cristianos,*» término que tendía a prevalecer en los nombres de las congregaciones.

El crecimiento caracterizó las décadas de este período. La unión, lograda congregación a congregación en la primera mitad de los años treinta, unificó unos diez mil Cristianos y doce mil Discípulos. Extendiéndose desde su base regional, la reforma de Stone-Campbell pronto arropó el continente. Durante la década del 1830 florecieron congregaciones nuevas en Detroit, Baltimore, Dubuque y Little Rock; en Brownville, Nebraska y Bowie County, Tejas; en Indiana, Illinois y en Misuri. Los senderos de California y Oregón llevaban un gran número de «Campbelistas» al lejano Oeste durante los movimientos migratorios por tierra de las décadas de los cuarenta y los cincuenta. Para el 1860, el movimiento exhibía proporciones nacionales con una matrícula de cerca de 200,000 en 2,100 congregaciones. Sin embargo, el avance al este de las montañas Alleghenies fue relativamente lento, especialmente en Nueva York y Nueva Inglaterra.

El orden era el tema de la década de 1840. Impulsados por la demanda de liderazgo informado y responsable en el seno de las congregaciones del movimiento en rápida expansión, Alejandro Campbell publicó una segunda edición de su compendio de las creencias de los Discípulos, *El Sistema Cristiano,* y donó el terreno donde fundó el Colegio Betania con el propósito de educar formalmente un grupo de laicos. En un esfuerzo por desarrollar un medio estructurado de cooperación entre las muchas congregaciones, Campbell inició una serie de artículos, publicados en el *Mensajero* durante toda una década, sobre el tema controversial de la organización eclesiástica. La fundación de la Sociedad Bíblica Cristiana Americana en el 1845 representó el primer intento de diseñar una estructura general.

Para el 1840, miembros de algunas congregaciones habían comenzado a reunirse para confraternizar en «convenciones» estatales, y en el 1849 la primera asamblea nacional del movimiento se congregó en Cincinati, con 156 delegados provenientes de 100 iglesias en 11 estados. La convención aprobó la formación de la Sociedad Misionera Cristiana Americana con la esperanza de lograr un sentido mayor de cooperación nacional y visión internacional. Aunque la creación de una estructura que trascendía los límites congregacionales provocó oposición entre quienes pensaban que tal estructura violaba un principio básico del movimiento, fue bien recibida por otros como reconocimiento tardío de la responsabilidad corporal hacia una misión más amplia.

La confrontación con la institución peculiar de la esclavitud persuadió a los reformadores a buscar una posición unitaria. Fueron guiados a la noción de que el asunto era cuestión de «opinión» y no de «fe», y por lo tanto no era una prueba de hermandad. Mientras la mayoría de las denominaciones principales se vieron estructuralmente fracturadas por la devastación económica, social y política de la Guerra Civil, los Discípulos evitaron ese destino debido a su flexibilidad organizativa inherente y a su compromiso con la libertad individual para decidir. Las grietas permanecieron bajo la superficie y, a la muerte de Aejandro Campbell el 4 de marzo de 1866, quedó una generación nueva que tuvo que luchar por una restauración interna.

1866—1917: Los Años de la Adolescencia

Los fundadores descansaban en paz. Barton Stone murió en el 1844; Tomás Campbell en el 1854; Walter Scott en el 1861; y Alejandro Campbell en el 1866. Todavía bajo el gobierno de su razonamiento doble de restaurar el orden antiguo y de establecer la unidad cristiana, el movimiento emprendió una nueva jornada de cuarenta años que se distinguió por un crecimiento numérico dramático, una conciencia denominacional incipiente y una profundización en la división interna sobre su pensamiento.

La decisión sobre la dirección a seguir confronta inevitablemente a la segunda generación de todas las reformas. El movimiento Stone-Campbell tuvo que decidir si debía cimentar las ideas de los fundadores y de aferrarse sólidamente a las tradiciones del antiguo orden, o si debía aventurarse en la novedad intelectual, el cambio y la flexibilidad y adaptar su ministerio al ambiente naciente socio-cultural-económico de la América de la post Guerra Civil. Decidir entre estas dos direcciones se complicó como resultado de la amargura persistente de la Guerra Civil y la paradoja profunda del razonamiento doble. Los líderes, careciendo de la fuerza personal de los fundadores, no pudieron consolidar los miembros. Parte del movimiento se desvió en una dirección, otra parte siguió otro camino, y nunca se reconciliaron.

Las batallas exteriores dentro del movimiento se suscitaron sobre asuntos tales como si el Nuevo Testamento prohibía o permitía el uso de música instrumental en el culto, la organización de sociedades misioneras más allá de la congregación y el desarrollo de un ministerio profesional con títulos y autoridad. Las batallas bramaron durante cuarenta años, pero finalmente fue la disención a niveles más profundos lo que rompió la relación. Las Iglesias de Cristo, concentradas en los antiguos estados confederados, siguieron el primer camino en busca del antiguo orden. Los Discípulos de Cristo, concentrados en el norte del Medio Oeste, siguieron el segundo en búsqueda de la unidad cristiana. La primera inclusión separada de ambos grupos en el Censo Religioso Federal de 1906 no pasó de ser un mero evento estadístico, pues la decisión de seguir rumbos distintos se había tomado hacía mucho tiempo.

Entre la Guerra Civil y la Primera Guerra Mundial nacieron cuatro ministerios importantes producto de la visión de los Discípulos. El primero fue el periodismo. Con abundancia de editores, los Discípulos fueron particularmente afortunados al recibir la influencia en este período de la perspicacia progresista de Isaac Errett, editor del *Estandarte Cristiano,* y de J. H. Garrison, editor de *El Evangelista Cristiano,* un semanario que ha sido sustituido en la actualidad por la publicación mensual llamada *El Discípulo*. El segundo ministerio fue una iniciativa misionera pionera, nacida bajo el liderazgo de Caroline Neville Pearre y Archibald McLean. La formación de la Junta de Misiones de la Mujer Cristiana y de la Sociedad Misionera Cristiana para el Exterior en el 1874-75, junto con el desarrollo de la Asociación Nacional de Beneficencia en el 1877, proveyeron un medio de alcance hacia, y contacto con, el mundo más amplio. El tercer ministerio fue la educación superior. Los Discípulos reactivaron la tradición religiosa antigua del liderazgo intelectual que el avivamiento nuevo había abandonado. La fundación y desarrollo de más de 400 instituciones educativas relacionadas con los Discípulos produjo un laicado más informado, y los educadores pronto ejercieron una influencia considerable sobre el pensamiento y la práctica del movimiento. El cuarto ministerio fue la cooperación con otras denominaciones. Los Discípulos fueron miembros fundadores del Consejo Federal de Iglesias y gracias a la visión creativa de Peter Ainslie, en el 1910 originaron el Consejo para la Unión Cristiana. Estos cuatro ministerios continúan avivando y ampliando la visión de los Discípulos.

Aunque estos cuatro ministerios fueron valiosos para expandir el pensamiento de los Discípulos del siglo diecinueve, éstos no pudieron superar las limitaciones culturales e intelectuales de un confinamiento rural o salvar el abismo entre iglesia y sociedad. Como resultado el movimiento, como gran parte del protestantismo americano, no se hallaba preparado adecuadamente para dirigirse a la nueva heterogeneidad social, para intentar asimilar la corriente creciente de inmigrantes, para ajustarse al complejo urbano-industrial en desarrollo veloz, o para prestar oídos a la aflicción pública sobre la ética social, la pobreza y una serie de asuntos relacionados. Esencialmente continuó siendo un movimiento rural pueblerino asentado en la provincia.

Para el 1909, cuando los Discípulos celebraron el centenario de la «Declaración y Mensaje» sumaban ya 1,250,000 miembros, en gran medida como resultado de la efectividad de su evangelismo. A pesar de la división y del aislamiento cultural, gozaban de un crecimiento fenomenal, pero el objetivo de la «restauración del antiguo orden» se tornó más evasivo en el orden socio-económico nuevo.

1917—1968: Rumbo a la Madurez

Para finales de la Primera Guerra Mundial, los elementos del movimiento estaban en su sitio. Con la estabilización de su crecimiento físico, los Discípulos entraron en una época de refinamiento intelectual y de consolidación estructural.

La influencia más notable sobre los Discípulos durante estos años provenía de una nueva teología que abogaba por una investigación histórica exhaustiva de las Escrituras y una conciencia intelectual de las tendencias culturales contemporáneas. Después de muchos años de controversia entre los "liberales nuevos" y los defensores ortodoxos de un biblicismo aislante, los exponentes de cada posición se enfrascaron en una rivalidad abierta por el control del Colegio de la Biblia en Lexington, Kentucky. El resultado de la audiencia de 1917, que vino a ser un juicio sobre herejía, estableció la teología nueva como la fuerza intelectual predominante entre los Discípulos para los próximos cuarenta años. Entre los efectos de este cambio teológico estaba la disminución del concepto de la aplicabilidad incambiable y demanda de precendentes del Nuevo Testamento y la liberación de la visión estrecha del esfuerzo de cien años de «restaurar el antiguo orden. Los modelos de esta posición teológica nueva—Herbert L. Willett, Edward Scribner Ames, Winfred E. Garrison y Charles Clayton Morrison— estuvieron entre los forjadores influyentes del pensamiento de los Discípulos durante la primera mitad del siglo veinte.

Una consecuencia adicional de la controversia fue el retiro gradual de la confratemización con los Discípulos de parte de aquellos que pensaban que el movimiento Stone-Campbell había renegado de su herencia. Este grupo eventualmente llegó a 650,000 miembros y finalmente se separó durante los días de discordia que rodearon la «restructura» de fines de la década de 1960. Realmente la separación había comenzado para la época de la Convención Internacional de 1926 en Menfis, con una convención paralela en el Teatro Pantages, organizándose allí la Convención Cristiana Norteamericana—y concluyendo finalmente en 1971 con la inclusión en el anuario de dos listas separadas de las Iglesias Cristianas y las Iglesias de Cristo.

En la búsqueda interminable de una organización más eficiente, se estableció la Convención Internacional de los Discípulos de Cristo en el 1917. Asimismo, se creó en el 1920 la Sociedad Misionera Cristiana Unida, unificando seis juntas independientes en una sola agencia eclesiástica. Estas organizaciones reconstituidas sirvieron al ministerio Discípulos a través del aculturamiento de los años veinte, durante la depresión económica de los años treinta, y durante la Segunda Guerra Mundial de la década del cuarenta. Otras muchas agencias y comités se desarrollaron en la marcha. Los más conocidos surgieron del concepto de confraternidad e incluyeron la Confraternidad de Jóvenes Cristianos (1944), la Confraternidad de Mujeres Cristianas (1949) y la Confraternidad de Caballeros Cristianos (1951).

La proliferación de agencias organizadas dentro del movimiento a partir de la Segunda Guerra Mundial produjo confusión. Casi a fines del 1950, se comisionó a un Panel de Eruditos, compuesto por muchas de las mentes más ilustres de los Discípulos, para reexaminar los preceptos Discípulos a la luz de la nueva vitalidad religiosa de la época. El informe del panel, completado y publicado a principios de los sesenta, suavizó la rigidez de antaño del pensamiento Discípulos sobre teología y estructura eclesiástica. Simultáneamente, en su reunión de 1960 en Louisville, Kentucky, la Convención Internacional creó la Comisión sobre Restructura de la Hermandad y la instruyó a crear una nueva forma de organización enraizada en algo más permanente que una simple coalición de agencias autónomas, fraternidades, congregaciones, comités y convenciones. La Comisión de Restructura, bajo el liderato imaginativo de Granville T. Walker, A. Dale Fiers y Kenneth L. Teegarden, laboraron durante la década de los sesenta—años de desilusión religiosa—forjando un diseño único de un pacto. *El Diseño Provisional para la Iglesia Cristiana (Discípulos de Cristo)* se aprobó abrumadoramente por la Asamblea representativa reunida en la Ciudad de Kansas en el 1968.

Desde 1968: La Madurez

La aprobación del *Diseño Provisional* marcó la transición de los Discípulos hacia su madurez denominacional. Llamados oficialmente Iglesia Cristiana (Discípulos de Cristo), se habían convertido en una iglesia.

El ingenio del diseño residía en el concepto del pacto. Mediante un pacto, las congregaciones, las regiones y las agencias generales se unían en una relación interdependiente y de apoyo mutuo, trabajando unidas, ninguna como mera servidora de las otras, todas rindiéndole cuentas a cada una de las otras. A través del pacto la Iglesia podía propiciar un balance más equitativo entre algunas de sus polaridades eternas— «libertad y communidad», «unidad y diversidad», «congregacionalismo y catolicismo.» A través del pacto la iglesia pudo ministrar más efectivamente a una sociedad post-industrial y proseguir con mayor confianza su objetivo venerable de unidad cristiana.

El nuevo diseño de pacto entró en un período de implantación de diez años que culminó en el 1977 con la eliminación del término *provisional* del Diseño y la decisión de proseguir sin escribir una constitución formal. A. Dale Fiers fue electo el primer Ministro General y Presidente (1968-1973) de la iglesia restructurada, y fue sucedido por Kenneth L. Teegarden (1973-1985) y Juan O. Humbert (1985-1991). Para el 1990, la feligresía de la Iglesia Cristiana (Discípulos de Cristo) ascendía a un poco más de un millón. La afinidad mutua y el vínculo fuerte entre estas decenas de miles se expresa mediante el pacto hecho voluntariamente y en amor.

Afirmaciones de los Discípulos

El nombre de este cuerpo será IGLESIA CRISTIANA (DISCÍPULOS DE CRISTO).

Como miembro del cuerpo universal de Cristo, la Iglesia Cristiana (Discípulos de Cristo) en los Estados Unidos de América y Canadá es identificable por su tradición, nombre, instituciones y relaciones. A través de confines nacionales esta iglesia se expresa a sí misma en una relación libre y voluntaria entre sus tres manifestaciones: congregacional, regional y general.

El Diseño, 1978

Las Escrituras

…y a los discípulos se les llamó "cristianos" por primera vez en Antioquía.
Hechos 11:26

«Por lo cual, éste es el pacto que haré…pondré mis leyes en la mente de ellos, y sobre su corazón las escribiré; y seré a ellos por Dios, y ellos me serán a mí por pueblo.»
Hebreos 8:10

Así que, por eso es mediador de un nuevo pacto, para que interviniendo muerte para la remisión de las transgresiones que había bajo el primer pacto, los llamados reciban la promesa de la herencia eterna.
Hebreos 9:15

Y sobre todas estas cosas vestios de amor, que es el vínculo perfecto. Y la paz de Dios gobierne en vuestros corazones, a la que asimismo fuisteis llamados en un solo cuerpo.
Colosenses 3:14–15

2

Los Discípulos y el Pensamiento Cristiano

Las Escrituras

Resumen General

Sentados alrededor de hogueras, reunidos en los pozos de las villas y en un sinnúmero de ambientes similares, los antiguos hebreos volvían a contar sus historias ancestrales tan queridas. Su fe religiosa estaba enraizada en aquellos trozos de herencia, interpretados a la luz de sus propias experiencias y preservados mediante la tradición oral de generación en generación. Mucho después del desarrollo de un alfabeto diecinueve siglos antes del nacimiento de Cristo, las historias antiguas eran recogidas lentamente de entre muchos clanes y recopiladas posteriormente en forma escrita en lo que ahora conocemos como el Antiguo Testamento. El Antiguo Testamento es una colección de treinta y nueve documentos sobre la historia, ley, profecía, poesía y folklore tamizados a través de las edades de la historia hebrea. Es la historia de la revelación de Dios a través del testimonio de pastores, reyes, profetas y poetas.

Durante la mayor parte del primer siglo la vida y el ministerio de Cristo se transmitieron oralmente. Según aquellos que conocieron a Jesús envejecían o eran martirizados, cobró importancia la preservación de su conocimiento y experiencia en forma escrita. Muestras dispersas del pensamiento anotado de varios apóstoles que nutrieron la Iglesia primitiva durante sus días formativos fueron recopiladas gradualmente; y en el segundo siglo se consolidaron en un solo volumen conocido posteriormente como el Nuevo Testamento. Éste es una compilación de veintisiete documentos, incluyendo los evangelios, las cartas pastorales, la historia y visión poética que revelan a Dios a través de la vida de Jesucristo.

A pesar de que ambos testamentos contienen sesenta y seis obras individuales, escritas por una gran variedad de autores a intervalos irregulares de tiempo en un lapso de más de mil doscientos años, existe una unidad orgánica que ata las partes en un todo interdependiente. Juntos, los testamentos forman la Biblia, un testimonio humano de la revelación de Dios. Durante los últimos trescientos años la Biblia ha sido el libro más ampliamente analizado de toda la literatura. El escrutinio profundo continuará, y siempre traerá esclarecimiento en lugar de debilidad a la verdad del mensaje porque el discernimiento de la verdad mora en el espíritu subyacente de la Biblia más que en sus eventos literales. Los cristianos tienen fe no en el libro, sino fe en Dios revelado a través del libro.

Tradiciones de los Discípulos

Sentados en toscas capillas y reunidos en claros forestales, los primeros Discípulos se dedicaron a escuchar, leer y estudiar las Escrituras. Su fe religiosa y su visión de una iglesia restaurada se hallaban sólidamente enraizadas en el Nuevo Testamento, con referencia particular al libro de los Hechos. Barton Stone creía que Dios obraba mediante el testimonio de las Escrituras y que el entendimiento de la Biblia no dependía de un análisis crítico elaborado. Sin embargo, Alejandro Campbell creía que el estudio histórico cuidadoso de todos los escritos bíblicos fortalecía la fe de cada creyente.

Los Discípulos no tienen una interpretación «oficial» de la Biblia. A los individuos se les estimula a interpretar las Escrituras a la luz de todas las ciencias y de la fortaleza de la tradición cristiana. Ya que la Biblia está considerada como un testimonio humano de la revelación divina, los Discípulos se alejan del enfoque literal, acercándose más hacia el entendimiento que combina tanto la fe como la razón.

Afirmaciones de los Discípulos

Allí donde las Escrituras hablan, hablamos; donde las escrituras callan, callamos.

Sermón por Tomás Campbell, 1809

Dentro de la iglesia universal recibimos…la luz de la Escritura.

El Diseño

Las Escrituras

… desde la niñez has sabido las Sagradas Escrituras, las cuales te pueden hacer sabio para la salvación por la fe que es en Cristo Jesús. Toda la Escritura es inspirada por Dios; y útil para enseñar, para redargüir, para corregir, para instruir en justicia, a fin de que el hombre de Dios sea perfecto, enteramente preparado para toda buena obra.

2 Timoteo 3:15–17

Tenemos también la palabra profética más segura, a la cual hacéis bien en estar atentos como a una antorcha que alumbra en lugar oscuro, hasta que el día esclarezca y el lucero de la mañana salga en vuestros corazones.

2 Pedro 1:19

Lo que era desde el principio, lo que hemos oido, lo que hemos visto con nuestros ojos, lo que hemos contemplado, y palparon nuestras manos tocante al Verbo de vida (porque la vida fue manifestada, y la hemos visto, y testificamos, y os anunciamos la vida eterna, la cual estaba con el Padre, y se nos manifestó); lo que hemos visto y oído, eso os anunciamos, para que también vosotros tengáis comunión con nosotros; y nuestra comunión verdaderamente es con el Padre, y con su Hijo Jesucristo. Estas cosas os escribimos, para que vuestro gozo sea cumplido.

1 Juan 1:1–4

Puesto que ya muchos han tratado de poner en orden la historia de las cosas que entre nosotros han sido ciertísimas, tal como nos lo enseñaron los que desde el principio lo vieron con sus ojos, y fueron ministros de la palabra, me ha parecido también a mí, después de haber investigado con diligencia todas las cosas desde su origen, escribírtelas por orden, oh excelentísimo Teófilo, para que conozcas bien la verdad de las cosas en las cuales has sido instruido.

Lucas 1:1–4

Dios

Resumen General

Las primeras frases de la Biblia revelan a Dios como Creador, imagen reafirmada en la convicción poética del salmista. El Antiguo Testamento ofrece muchos otros conceptos fascinantes de Dios revelados a través de la historia de Israel: un resplandor en el desierto de Madián; un dador de la ley en las laderas del Sinaí; un libertador de un pueblo esclavizado; un destructor vengativo de la civilización mediante la ira de un gran diluvio; una presencia misteriosa morando en un arca pequeña de madera a través del desierto de Canaán; una fuerza para la justicia, la obediencia y la rectitud; y un redentor compasivo que ofrece a la humanidad un amor no correspondido. La convicción de que Dios estaba obrando activamente en la historia mantuvo su predominio a lo largo del desarrollo del pensamiento religioso hebreo.

Y «el verbo se hizo carne.» En la escritura neotestamentaria la presencia de Dios se revela intensamente a través de la persona de Jesucristo. Ese profundo discernimiento de Dios revelado en la vida humana, la unión de lo divino y lo humano, propulsó el concepto extraordinario del contacto individual con Dios como una relación personal. La idea de una relación personal entre Dios y los individuos y la idea de Dios como Creador están incorporadas en la noción ampliamente recitada del

Nuevo Testamento de la naturaleza paternal de Dios, noción que continúa dominando el pensamiento cristiano.

Tradiciones de los Discípulos

Los Discípulos, aunque no son dados a definir a Dios, comúnmente piensan en Dios como Creador y según revelado a través de la vida de Jesucristo. Muchos escritores mencionan atributos humanos trascendentales tales como el sentido de obligación moral, la capacidad para apreciar la belleza, el poder para amar, y la habilidad para conocer la justicia, la honestidad, la misericordia y la felicidad como pruebas racionales de la existencia de Dios en las personas. Los Discípulos no rechazan las evidencias razonables de la existencia de Dios, pero tampoco limitan su entendimiento de Dios a una definición racional. Para ellos, Dios es indefinible, trancendiendo en tiempo y en geografía, mayor que todas las energías emitidas a través de la naturaleza y más que una magnificación de los poderes humanos. Reducir a Dios a pruebas racionales solamente elimina el rol de la fe. Los Discípulos afirman la realidad de Dios en el mundo, pero resisten la tentación de encerrar a Dios en una definición humana. Barton Stone advirtió que el verdadero conocimiento de Dios llega cuando recibimos por fe «el testimonio que El ha dado de sí mismo en su palabra.»

Afirmaciones de los Discípulos

Nos regocijamos en Dios, Creador del Cielo y de la Tierra.

El Diseño

Las Escrituras

En el principio creó Dios los cielos y la tierra.

Génesis 1:1

...que Dios estaba en Cristo reconciliando consigo al mundo...

2 Corintios 5:19

Amémonos unos a otros; porque el amor es de Dios. Todo el que ama es nacido de Dios, y conoce a Dios. El que no ama, no ha conocido a Dios; porque Dios es amor...

1 Juan 4:7–8

YO SOY EL QUE SOY...Así dirás a los hijos de Israel: "Jehová, el Dios de vuestros padres, el Dios de Abraham, Dios de Isaac, y Dios de Jacob, me ha enviado a vosotros." Éste es mi nombre para siempre; con él se me recordará por todos los siglos.

Éxodo 3:14–15

En el principio era el Verbo, y el Verbo era con Dios, y el Verbo era Dios. Éste era en el principio con Dios. Todas las cosas por él fueron hechas, y sin él nada de lo que ha sido hecho, fue hecho. En él estaba la vida y la vida era la luz de los hombres. Y aquel Verbo fue hecho carne, y habitó entre nosotros (y vimos su gloria, gloria como del unigénito del Padre), lleno de gracia y de verdad.

Juan 1:1–4,14

Jesucristo

Resumen General

Jesucristo fue completamente humano y completamente Dios. Las circunstancias históricas de su vida revelan al Jesús humano. La presencia de Dios en esta persona añade una dimensión identificada como el Cristo, al cual reconocemos y confesamos a través de la fe. La unión de Dios con la humanidad en la persona de Jesucristo constituye el núcleo de la fe cristiana. Aunque la idea de Jesucristo como ser divino o humano o ambos desconcierta a la sabiduría humana, es precisamente esta unión de lo humano y lo divino—la unión del Jesús histórico con el Cristo de la fe en un solo ser—lo que expresa el reclamo fundamental del cristianismo.

El Jesús histórico nos es conocido por medio de muchas fuentes. Los fragmentos de los papiros del Nuevo Testamento recobrados de las arenas desérticas del Oriente Medio atestiguan sobre la vida del Jesús humano. Las crónicas de antaño, incluyendo las *Antigüedades* de Josefo (93 D.C.), los *Anales* de Tácito (110 D.C.), y *Las Vidas de los Doce Césares por* Suetonio (98 D.C.), todas contienen referencias históricas sobre Jesús.

Los datos históricos escuetos de la existencia humana de Jesús pueden delinearse a grandes rasgos. Su existencia terrenal, comenzando en los días de Herodes y terminando en tiempos de Pilatos, se ha establecido con relativa exactitud. Carpintero de oficio, su pueblo natal fue la comunidad de Nazaret en la provincia de Galilea. Durante los últimos años de su breve vida, un nuevo fervor religioso conmovió el Valle del Jordán, llevando a Jesús fuera de los límites de Nazaret y hacia un ministerio extraordinario. Sus contemporáneos a menudo confundieron su ministerio con una revuelta política, equivocación que condujo a su arresto y ejecución.

Es el carácter más que la biografía de este hombre lo que conocemos a cabalidad. Se le llamó el *Cristo,* palabra griega que significa «el ungido», o «el Mesías», el escogido. El Apóstol Pablo usó el término una y otra vez en sus muchas cartas para describir la presencia espiritual del Señor resucitado a una generación que no había conocido al Jesús humano en carne y hueso. Los Evangelios, escritos después de las epístolas de Pablo y escritos específicamente para proclamar la divinidad de Cristo, están cargados con anécdotas reveladoras de la profundidad de su naturaleza divina. Lleno de la gracia de Dios, Jesús realizó un número incalculable de buenas obras, convirtiendo la bajeza en nobleza.

El mismo nombre de «Jesucristo» afirma que la vida histórica estaba unida con la gracia de Dios. El Jesús humano murió en la crucifixión, pero el Cristo de la fe fue resucitado. Es esta resurrección la que provee para todas las generaciones la experiencia de fe en el Señor Jesucristo.

Tradiciones de los Discípulos

«¡Ningún credo excepto Cristo!» Esta frase resuena a través de las edades de la historia de los Discípulos, anunciando la creencia de que la fe en Jesucristo es una fe *personal*. Tomás y Alejandro Campbell, conjuntamente con Barton Stone, enseñaron que los credos eran irrelevantes y que las Escrituras por sí solas eran suficientes para la fe en Jesucristo.

La evolución del pensamiento entre los Discípulos con relación a la humanidad y divinidad de Cristo comenzó con un énfasis marcado en la autoridad divina del Cristo de la fe. La preocupación del siglo diecinueve con la divinidad de Cristo tuvo como consecuencia que el Cristo humano fuera generalmente ignorado; pero el pensamiento Discípulos del siglo veinte ha experimentado un giro creciente hacia la vida y enseñanzas del Jesús histórico.

En nuestra época los Discípulos han logrado un buen balance en su pensamiento sobre la humanidad y la divinidad de Jesucristo. Los Discípulos piensan en Jesús primeramente como humano y luego encuentran en esta persona la más completa, la más serena y la más cabal personalidad moral que jamás haya conocido el mundo. La suya fue una vida «llena de gracia y verdad». Es supremamente el lugar en el cual vemos a Dios, no meramente en la organización del cosmos o en el orden moral, sino en la misericordia, el amor, la compasión, la honestidad, la voluntad de Jesucristo. ¡Aquí está Dios revelado! El Cristo de la fe se hace realidad para todas las generaciones a través de la presencia de Dios en Jesús. Nos lleva a confesar jubilosamente con muchas otras generaciones pasadas que «Jesús es el Cristo, el Hijo del Dios viviente».

Afirmaciones de los Discípulos
Confesamos que Jesús es el Cristo, el Hijo del Dios viviente, y lo proclamamos Señor y Salvador del mundo.

El Diseño

Las Escrituras
El les dijo: Y vosotros, ¿quién decís que soy yo? Respondiendo Simón

Pedro, dijo: «Tú eres el Cristo, el Hijo del Dios viviente». Entonces le respondió Jesús: «Bienaventurado eres, Simón, hijo de Jonás, porque no te lo reveló carne ni sangre, sino mi Padre que está en los cielos».

Mateo 16:15–16

Y aquel Verbo fue hecho carne, y habitó entre nosotros (y vimos su gloria, gloria como del unigénito del Padre), lleno de gracia y de verdad.

Juan 1:14

Pero éstas se han escrito para que creáis que Jesús es el Cristo, el Hijo de Dios, y para que creyendo, tengáis vida en su nombre.

Juan 20:31

«El que me ha visto a mí, ha visto al Padre».

Juan 14:9

El es la imagen del Dios invisible, el primogénito de toda creación. Porque en él fueron creadas todas las cosas, las que hay en los cielos y las que hay en la tierra, visibles e invisibles; sean tronos, sean dominios, sean principados, sean potestades; todo fue creado por medio de él y para él. Y él es antes de todas las cosas, y todas las cosas en él subsisten; y él es la cabeza del cuerpo que es la iglesia, él que es el principio, el primogénito de entre los muertos, para que en todo tenga la preeminencia; por cuanto agradó al Padre que en él habitase toda plenitud, y por medio de él reconciliar consigo todas la cosas, así las que están en la tierra como las que éstán en los cielos, haciendo la paz mediante la sangre de su cruz.

Colosenses 1:15–20

El Espíritu Santo

Resumen General

La búsqueda por el significado del Espíritu Santo ha continuado a lo largo de toda la historia de la cristiandad. La opinión prevaleciente común a varios cuerpos religiosos es que el Espíritu Santo es uno de los miembros de una trinidad coexistiendo con el Padre y el Hijo en una sola unión. Esta opinión descansa primordialmente en los escritos de Pablo, quien explicó que el Espíritu Santo proveía el medio para comprender la presencia del Cristo resucitado en cada creyente y en la iglesia. Según Pablo, el Espíritu Santo es algo separado del Cristo, pero es el espíritu de Cristo y es el vehículo que une al creyente y a la Iglesia con Cristo. Todos los cristianos, decía Pablo, que aceptan el Evangelio y son bautizados, conocerán el gozo del Espíritu morando en ellos.

Con frecuencia Pablo era llamado para que elaborara más sobre sus enseñanzas acerca del Espíritu Santo. La comunidad de cristianos en Galacia generalmente rechazaba cualquier noción del espíritu y era arrastrada hacia las doctrinas legalistas del pasado. Pablo los exhortaba a cultivar el sentido de espíritu; de otro modo su religión se endurecería y moriría. En contraste, la comunidad de cristianos en Corinto llevó el significado de espíritu al exceso, lo que produjo el consejo de Pablo de cuidarse de desarrollar una élite dotada espiritualmente y que comprendieran que dones tales como la profecía y el hablar en lenguas no eran las únicas obras del espíritu. Desde los primeros tiempos de la historia cristiana han habido interpretaciones múltiples del Espíritu Santo.

Tradiciones de los Discípulos

Barton Stone definió el Espíritu Santo como «la energía de Dios» y no aceptó la idea de que fuera parte de una trinidad. Creía además que el Espíritu Santo venía a morar en los creyentes una vez éstos crecían en la fe; no antes.

Alejandro Campbell promovía la opinión racional de que el Espíritu Santo habla a través de las Escrituras, obra a través de las Escrituras y ejerce influencia sobre las personas a través de las palabras y las ideas. De este modo, el Espíritu Santo estimula a la iglesia y moldea el carácter cristiano de los individuos. Aunque Campbell concurría con Stone en que el Espíritu Santo se recibe después de la fe y no antes, su definición del Espíritu Santo tendía a crear una identidad separada de Dios o Cristo y de verla como parte de una unidad divina.

Estos puntos de vista incompatibles permanecen aún sin reconciliar. Para la década del 1880 el pensamiento de los Discípulos continuaba la tradición de que la fe era necesaria antes de que el Espíritu Santo pudiera morar en el creyente. Sin embargo, había una opinión creciente de que la creencia en un modo único de recibir el Espíritu Santo—sólo mediante la Palabra—no era suficiente. ¿Por qué la Palabra no afectaba a todos? ¿Por qué no podía el Espíritu Santo obrar directamente así como supuestamente Satanás lo hacía? Surgieron interrogantes que acentuaron el conflicto de opiniones y se hizo patente la necesidad de una fe que combinara mente y corazón.

En el siglo veinte se asentó un gran silencio sobre la búsqueda de los Discípulos del significado del Espíritu Santo. El asunto ha generado muy poco interés, y la teología de los Discípulos no ha desarrollado ninguna interpretación contemporánea. Los dos puntos de vista de Stone y Campbell todavía coexisten paralelamente, hecho que habla más sobre la libertad de discernimiento individual de los Discípulos y de la habilidad sin igual para desempeñarse como una iglesia sin concordancia teológica, que acerca del Espíritu Santo. En nuestra época la Iglesia Cristiana (Discípulos de Cristo), por consiguiente, abarca tanto a Galacia como a Corinto, tanto a Betania como a Cane Ridge. Hay congregaciones Discípulos comprometidas inequívoca y sinceramente con una fe carismática expresada mediante dones del Espíritu Santo, incluyendo el de la profecía, el hablar en lenguas y la sanidad divina. También hay congregaciones Discípulos que hallan su fortaleza de espíritu a través de la liturgia, el orden y la tradición histórica, con las cuales están comprometidas con igual sinceridad. La base amplia de Discípulos yace en un punto medio entre estas dos. Sin embargo, todas se ven unidas en un pacto común sin que por ello merme su soberanía de preferencia individual.

Afirmaciones de los Discípulos
En la comunión del Espíritu Santo nos unimos en el discipulado y en obediencia a Cristo.

El Diseño

Las Escrituras
. . . por el cual clamamos: ¡Abba, Padre! El Espíritu mismo da testimonio a nuestro espíritu, de que somos hijos de Dios. Y si hijos, también herederos; herederos de Dios y coherederos con Cristo, si es que padecemos juntamente con él, para que juntamente con él seamos glorificados.

Romanos 8:15–11

Esto sólo quiero saber de vosotros: ¿Recibisteis el Espíritu por las obras de la ley, o por el oír con fe?

Gálatas 3:2

La gracia del Señor Jesucristo, el amor de Dios, y la comunión del Espíritu Santo sean con todos vosotros.

2 Corintios 13:14

«…bautizándolos en el nombre del Padre, y del Hijo, y del Espíritu Santo.., y he aquí que yo estoy con vosotros todos los días, hasta el fin del mundo».

Mateo 28:19–20

3

Los Discípulos y los Sacramentos

El Bautismo

Resumen General

En algún lugar entre dos mares palestinos, Jesús se adentró en las aguas del río Jordán y fue bautizado. Debido a que ese evento marcó el inicio de su ministerio, con frecuencia se ha interpretado como su ordenación. Con ese acto aparentemente tan sencillo Cristo instituyó un santo sacramento que a lo largo de dos mil años de práctica, se ha tornado complejo en significado y diverso en forma.

Tradiciones de los Discípulos

En algún lugar en las colinas del oeste de Pensilvania, durante el verano de 1812, Alejandro Campbell, junto con su esposa, madre y padre, se adentró en las aguas de Buffalo Creek y fue bautizado por inmersión. El acto fue el resultado de un estudio concienzudo y de las conclusiones de Campbell de que aquellos que recibieron el bautismo en tiempos del Nuevo Testamento eran creyentes responsables que fueron bautizados por inmersión. Mediante consenso más que por declaración formal, los fundadores del movimiento Discípulos rechazaron el bautismo de niños y adoptaron el bautismo por inmersión como práctica oficial. El asunto de la confraternización con los no inmersos fue materia de controversia por más de un siglo. Finalmente, prevaleció la posición moderada de Barton Stone, con la aceptación de reconocimiento mutuo para todos los que son bautizados en Cristo y pertenecen al pueblo del Dios Uno.

Los Discípulos creen que a través del bautismo la iglesia se define a sí misma. La ceremonia bautismal define la línea entre la iglesia y el mundo. El bautismo es visto como un rito de la iglesia que es conferido en lugar de escogido. El acto primario es de Dios y nosotros respondemos por medio de testimonio voluntario de fe en Cristo. En este acto los ideales de comunidad cristiana son grabados en el espíritu del nuevo cristiano como responsabilidades ineludibles.

El sacramento del bautismo nos da la seguridad de la gracia de Dios a la vez que el amor divino nos toca personalmente, nos limpia de pecado, nos libra de la carga de la culpa, nos reclama para una nueva vida y nos ordena servir en el nombre de Cristo.

- El bautismo es una transacción entre Dios y el alma. Es un momento vital de consagración y pacto en el cual Dios imparte el regalo de la gracia. Nosotros respondemos con la proclamación de nuestra fe y somos bautizados en Cristo, dedicando nuestras vidas a la manera de Cristo.
- El bautismo revive la muerte, sepultura y resurrección de Cristo. A través de este rito los eventos críticos de la vida de Cristo son incorporados a nuestra propia experiencia.
- El bautismo purifica todas las cosas que degradan la vida de nuestro espíritu. La vida antigua es sepultada, nace una nueva vida, los pecados son perdonados. El bautismo representa un rompimiento claro con el pasado, una purificación moral, una transformación del alma, representa recibir la gracia.

- El bautismo nos trae a la hermandad de la iglesia. Nos identifica como miembros de una congregación.
- El bautismo crea un vínculo que nos une a todo el pueblo de Dios. A través de este acto somos «ordenados al sacerdocio de todos los creyentes», una parte de un nuevo orden moral, un espíritu afín con la compañía universal de cristianos.

Afirmaciones de los Discípulos

A través del bautismo en Cristo entramos a una vida nueva y venimos a ser uno junto a todo el pueblo de Dios.

El Diseño

Nosotros, la Iglesia Cristiana (Discípulos de Cristo) confesamos que los que somos bautizados en Cristo somos miembros de Su Iglesia Universal y pertenecemos a, y compartimos en, Su ministerio a través del Pueblo del Dios Uno.

Resolución 7560, Asamblea General, 1975
«Hacia el Reconocimiento Mutuo de Miembros»

Las Escrituras

Aconteció en aquellos días, que Jesús vino de Nazaret de Galilea, y fue bautizado por Juan en el Jordán. Y luego cuando subía del agua, vio abrirse los cielos, y al Espíritu como paloma que descendía sobre él. Y vino una voz de los cielos que decía: «Tú eres mi Hijo amado; en ti tengo complacencia».

Marcos 1:9–11

...todos los que hemos sido bautizados en Cristo Jesús hemos sido bautizados en su muerte. Porque somos sepultados juntamente con él para muerte por el bautismo, a fin de que como Cristo resucitó de los muertos por la gloria del Padre, así también nosotros andemos en vida nueva. Porque si fuimos plantados juntamente con él en la semejanza

de su muerte, así también lo seremos en la fe de su resurrección; sabiendo esto, que nuestro viejo hombre fue crucificado juntamente con él, para que el cuerpo del pecado sea destruido, a fin de que no sirvamos más al pecado.

Romanos 6:3–6

Por tanto, id, y haced discípulos a todas las naciones, bautizándolos en el nombre del Padre, y del Hijo, y del Espíritu Santo.

Mateo 28:19

Pedro les dijo: Arrepentíos, y bautícese cada uno de vosotros en el nombre de Jesucristo para perdón de los pecados y recibiréis el don del Espíritu Santo.

Hechos 2:38

…un cuerpo, y un Espíritu, como fuisteis también llamados en una misma esperanza de vuestra vocación; un Señor, una fe, un bautismo, un Dios y Padre de todos, el cual es sobre todos, y por todos, y en todos.

Efesios 4:4–6

El bautismo…nos salva (no quitando las inmundicias de la carne, sino como la aspiración de una buena conciencia hacia Dios) por la resurrección de Jesucristo…

1 Pedro 3:21

La Cena del Señor

Resumen General

En el año 54 D.C., una comunidad pequeña de creyentes en Corinto fue exhortada por el apóstol Pablo a reavivar el espíritu y esencia de la cena instituida por Jesús. La descripción convincente de Pablo sobre la Cena del Señor la consagró como la tradición más sagrada de la iglesia. Conocida de muchas maneras—Santa Comunión, Eucaristía, Cena del Señor, Mesa del Señor—al presente se practica a través de toda la Cristiandad con variaciones en cuanto a forma y frecuencia.

Tradiciones de los Discípulos

A fines de la primavera de 1811, una comunidad pequeña de creyentes en Brush Run, exhortados por Tomás Campbell, reavivaron el espíritu y origen de la Cena del Señor. Mientras buscaban restaurar la esencia de la iglesia del Nuevo Testamento, la práctica de la Santa Comunión se constituyó en el elemento central de adoración. Por acuerdo mutuo más que por decreto denominacional, la Cena del Señor se ofrece todos los domingos y en días especiales tales como Nochebuena y Jueves Santo. Es servida por miembros escogidos de la congregación y preside normalmente un ministro ordenado. El Señor es el anfitrión de la mesa la cual está abierta a todos los que confiesan que Jesucristo es Señor. El significado extraordinario de la Cena del Señor para los Discípulos se manifiesta en la designación de un cáliz como punto céntrico del símbolo denominacional.

La participación en el sacramento de la comunión, identificado por largo tiempo como una ordenanza dentro de la Iglesia Cristiana (Discípulos de Cristo), abarca una gama amplia de significado.

- A través del compatir del pan y el vino ("mi cuerpo...mi sangre"), nos encontramos con, y recibimos al, Cristo viviente. Afirmamos así la presencia del Señor viviente y lo proclamamos el poder dominante en nuestras vidas.
- La Cena del Señor es un acto de acción de gracias por la renovación de nuestras vidas a través del perdón de Dios. Por medio de la Cena del Señor prometemos fidelidad y reafirmamos el pacto de vida nueva a la cual entramos por el bautismo.
- La Cena del Señor se celebra en hermandad con todo el pueblo de Dios. Es una expresión de unidad, de identidad en Cristo y de interés los unos por los otros.

Nosotros, por lo tanto, partimos el pan en comunidad y festejamos con legiones.

- La Cena del Señor es un momento de autoevaluación, confesión personal de pecados, y recepción del perdón de Dios.
- A través de este sacramento recordamos con gratitud profunda y esperanza la muerte y resurrección de Cristo. Recordamos el sacrificio de la vida de Cristo, y fijamos nuestra esperanza en la promesa «hasta que él vuelva».

Afirmaciones de los Discípulos

En la mesa del Señor celebramos con acción de gracias los hechos de salvación y la presencia de Cristo.

El Diseño

Las Escrituras

Y mientras comían, Jesús tomó pan y lo bendijo, y lo partió y les dio, diciendo: Tomad, esto es mi cuerpo. Y tomando la copa, y habiendo dado gracias, les dio; y bebieron de ella todos. Y les dijo: Esto es mi sangre del nuevo pacto, que por muchos es derramada. De cierto os digo que no beberé más del fruto de la vid, hasta aquel día en que lo beba de nuevo en el reino de Dios.

Marcos 14:22–25

...el Señor Jesús, la noche que fue entregado, tomó pan; y habiendo dado gracias, lo partió, y dijo: Tomad, comed; esto es mi cuerpo que por vosotros es partido; haced esto en memoria de mí. Asimismo tomó también la copa, después de haber cenado, diciendo: Esta copa es el nuevo pacto en mi sangre; haced esto todas las veces que la bebiereis, en memoria de mí. Así, pues, todas las veces que comiereis este pan, y bebiereis esta copa, la muerte del Señor anunciáis hasta que él venga.

1 Corintios 11:23–26

El primer día de la semana, reunidos los discípulos para partir el pan...

Hechos 20:7

Y perseveraban en la doctrina de los apóstoles, en la comunión unos con otros, en el partimiento del pan y en las oraciones…Y perseverando unánimes cada día en el templo, y partiendo el pan en las casas, comían juntos con alegría y sencillez de corazon…

Hechos 2:42, 46

4

Los Discípulos en Adoración

Adoración

Resumen General

Las Escrituras narran que Abraham «removiendo su tienda, vino y moró en el encinar de Mamre . . . y edificó allí altar a Jehová» (Génesis 13:18). Esas mismas Escrituras narran que Lot asentó su tienda hacia Sodoma (13:12). Las decisiones profundamente contrastantes de Abraham y Lot revelan una verdad eterna—adorar es una decisión personal.

La opción de rendir culto ha sido practicada por todas las culturas en todas las épocas, y los dioses han sido muchos. A través de las épocas de la historia de la humanidad, los cuerpos religiosos han descubierto que la atención cuidadosa a los actos de adoración puede enriquecer la vida de todo un pueblo. La decisión personal de levantar un altar para la adoración como el centro de la vida es un acto decisivo que conlleva implicaciones de largo alcance para las personas y para civilizaciones enteras.

El carácter de la adoración en tiempos neotestamentarios, según se deriva de la evidencia limitada disponible, era sencilla y libre de ornamentos. Reuniéndose en hogares y en ocasiones en las catacumbas, la adoración de los primeros cristianos consistía por lo general de confraternización, proclamación del evangelio y partimiento del pan. Con el paso de los siglos, el estilo de la adoración adoptó la sofisticación del ritual, liturgia, vestimentas e imágenes visuales y se celebró en grandes catedrales por un clero profesional. La reacción a este estilo practicado por largo tiempo vino de teólogos que sugirieron que las personas que vienen a adorar debían ser más que meros espectadores de una función y que el clero y el coro debían ser vistos como apuntadores tras bastidores de los adoradores, quienes eran los participantes principales. Hoy día el carácter de la adoración entre los cuerpos religiosos ofrece una variedad considerable que va desde un marco de rituales elaborados hasta reuniones sencillas e informales de comunidades, dependiendo mayormente de las preferencias socioculturales locales.

Tradiciones de los Discípulos

La historia registra que Stone y los Campbell dejaron sus hogares y moraron en las colinas donde construyeron casas toscas dedicadas al Señor. Resueltos a restaurar la simplicidad de la adoración del Nuevo Testamento, los primeros Discípulos y Cristianos fueron espartanos en el diseño y la construcción de sus templos y en la estructura de su adoración. La aparición de alfombras, órganos, cruces y diseños ornamentales arquitectónicos no fue común hasta la era victoriana de finales del siglo diecinueve.

Los servicios de adoración en las iglesias de los primeros Discípulos generalmente incluían períodos de alabanza a Dios, lectura de las Escrituras, oración, colección de ofrendas, participación en la Cena del Señor y escuchar un sermón. Éstos han permanecido como los ingredientes básicos de la adoración para los Discípulos a través de su historia. Alejandro Campbell creía que la secuencia en que ocurrían esas actividades de adoración no era importante y por lo tanto exhortaba a cada congregación a que dispusiera el orden de su adoración como gustase. En lugar de lograr su meta de restaurar la simplicidad del Nuevo Testamento, es más exacto decir que los Discípulos consiguieron adaptar un estilo de adoración calvinista o libre.

Algunas autoridades sugieren que la adoración de los Discípulos modernos contiene dos elementos primarios: la Palabra y los sacramentos, o Dios hablando y los seres humanos respondiendo. Otros ofrecen una descripción más completa del estilo de adoración de los Discípulos que incluye: (1) la *adoración* a Dios mediante los cánticos; (2) una expresión reverente de *acción de gracias* mediante la oración y la ofrenda; (3) la *proclamación* de Dios mediante las Escrituras y el sermón; (4) la *renovación* mediante los sacramentos; y (5) la participación mediante la *confraternización* con todo el pueblo de Dios.

Ante todo las congregaciones son comunidades de adoración. El momento de la adoración toca el centro de nuestro ser donde se unen todos los asuntos. Es el momento cuando buscamos el significado más profundo de Dios; un momento donde ponemos en perspectiva nuestros propósitos; y sentimos la transformación del egocentrismo que frustra nuestro mejor discernimiento y nuestra firmeza de propósito. Es un momento que ensancha nuestras almas.

Afirmaciones de los Discípulos

En los vínculos de la fe cristiana nos entregamos a Dios, de modo que sirvamos a Aquél cuyo reino no tiene fin. Bendición, gloria y honor sean a Dios para siempre.

El Diseño

Las Escrituras

Dios es Espíritu; y los que le adoran, en espíritu y en verdad es necesario que adoren.

Juan 4:24

Y perseveraban en la doctrina de los apóstoles, en la comunión unos con otros, en el partimiento del pan y en las oraciones.

Hechos 2:42

Oración

Resumen General

Las Escrituras rebosan con el lenguaje de la oración. La elocuencia de la oración se halla en los Salmos, en Job y en las Lamentaciones de los profetas; su perfección, en las oraciones de Cristo. Es el único lenguaje que expresa la profundidad y la anchura de nuestras vidas.

La oración es el medio por el cual la humanidad se relaciona íntimamente con Dios. Definida a menudo como «comunión con Dios», la oración abre el corazón y la mente para recibir el toque de gracia, para liberar el alma del hoyo de la mediocridad. Es la experiencia más crítica y esencial en la vida de la fe cristiana.

La adoración pública provee oración en muchas formas. Hay oraciones de *adoración* mediante las cuales se alaba y glorifica a Dios. Hay oraciones de *acción de gracias,* usualmente espontáneas, que expresan gratitud por el amor de Dios dado a todo su pueblo de muchas maneras. Hay oraciones de *contemplación,* momentos tranquilos de meditación, frecuentemente en silencio cuando el alma descansa y reflexiona. Las oraciones de *confesión* proveen momentos para presentarnos tal como somos, fuertes y débiles, sabios e insensatos, y someternos a la verdad de Dios. Las oraciones de *intercesión* se ofrecen en beneficio de los demás y reflejan nuestra apreciación por los sueños y luchas, por el gozo y la pena de otra gente. Las oraciones de *petición* contienen nuestras súplicas personales por la bendición de Dios; una forma de oración confirmada por las palabras de Cristo: «Pedid y se os dará» (Mateo 7:7). De extrema importancia son las oraciones de *sumisión* a través de las cuales armonizamos nuestra voluntad con la voluntad de Dios, especialmente cuando oramos «Hágase tu voluntad» (Mateo 6:10). A través de la riqueza de esta variedad de oraciones es que podemos conocer a Dios.

Tradiciones de los Discípulos

Los Discípulos siempre han visto la oración como la disciplina fundamental de la vida cristiana. Se le ha dado más énfasis a la oración personal que al orden público formalizado de la oración en la adoración. Ha sido la manera mediante la cual la privacidad de la fe ha sido percibida y practicada en el curso de la experiencia de los Discípulos. Como una manera de enriquecer la vida personal de los Discípulos en la presencia de Dios, se ha generado mucha actividad en la publicación de literatura devocional como «*El Lugar Secreto*» y *"La Hermandad de la Oración,"* la distribución de materiales para ayudar en el estudio bíblico individual, el estímulo a las devociones familiares y el énfasis en separar un tiempo personal para la reflexión.

La naturaleza privada de la oración entre los Discípulos siempre ha sido complementada con la participación en la adoración pública, evitando que la experiencia personal descienda a un nivel sentimental egocentrista. Si escuchamos cuidadosamente, notaremos que las oraciones de los Discípulos en el santuario público y en la privacidad del corazón están dominadas por el agradecimiento.

Las Escrituras

Vosotros, pues, oraréis así: Padre nuestro que estás en los cielos, santificado sea tu nombre. Venga tu reino. Hágase tu voluntad, como en el cielo, así también en la tierra. El pan nuestro de cada día, dánoslo hoy. Y perdónanos nuestras deudas, como también nosotros perdonamos a nuestros deudores. Y no nos metas en tentación, mas líbranos del mal.

Mateo 6:9–13

Dos hombres subieron al templo a orar: uno era fariseo, y el otro publicano. El fariseo, puesto en pie, oraba consigo mismo de esta manera: Dios, te doy gracias porque no soy como los otros hombres, ladrones, injustos, adúlteros, ni aun como este publicano; ayuno dos veces a la semana, doy diezmos de todo lo que gano. Mas el publicano, estando lejos, no quería ni aun alzar los ojos al cielo, sino que se golpeaba el pecho, diciendo: Dios, sé propicio a mí, pecador. Os digo que éste descendió a su casa justificado antes que el otro; porque cualquiera que se enaltece, será humillado; y el que se humilla será enaltecido.

Lucas 18:10–14

Temporadas

Resumen General

En el año eclesial hay un ritmo litúrgico que toma como modelo la vida de Jesucristo. La mayoría de los cuerpos religiosos de la cristiandad celebran el nacimiento, muerte, resurrección y ascensión de Cristo durante períodos asignados en el calendario. Conocidos como días o estaciones sagradas, estos períodos señalados enriquecen la participación de los creyentes en la adoración e intensifican el entendimiento de la centralidad de Cristo en la fe cristiana.

Tradiciones de los Discípulos

El reconocimiento de las festividades sagradas tiene una tradición limitada entre los Discípulos. En años recientes un número creciente de púlpitos y pastores se ha visto adornado con ornamentos y vestimentas de colores para señalar el comienzo y el final de cada temporada sagrada. Aquellas congregaciones que celebran formalmente el curso progresivo de la vida del Señor en el año eclesial, escogen entre las cinco temporadas religiosas según descritas en la guía de planificación anual de la Iglesia Cristiana (Discípulos de Cristo).

Adviento–Navidad (*Noviembre–Enero*)

Adviento, que significa «la venida», comienza cuatro semanas antes del día de Navidad y anticipa a Belén y la consumación de la promesa. La Navidad y los once días siguientes celebran el nacimiento de Jesús, mostrando en forma humana el amor de Dios por la humanidad.

Colores litúrgicos: *violeta* para Adviento, simboliza realeza y penitencia; *blanco* desde la Nochebuena en adelante.

Epifanía (*Enero–Marzo*)

Epifanía quiere decir "aparición," y recuerda la visita de los magos así como el bautismo de Jesús. La temporada anuncia la revelación del regalo de Dios a la humanidad.

Colores litúrgicos: *blanco*, que simboliza pureza, gozo y la luz de la verdad.

Cuaresma (*Marzo–Abril*)

La Cuaresma, que comienza el Miércoles de Ceniza y se extiende por cuarenta días hasta la Pascua de Resurrección, es un tiempo de arrepentimiento y autoexamen. Cuaresma, que originalmente significaba «primavera», es un período para que los feligreses reflexionen y actúen sobre la renovación, el renacimiento y la reconciliación con la voluntad de Dios.

Colores litúrgicos: *violeta*, que simboliza realeza y penitencia; *rojo* o *negro*, para Viernes Santo solamente, que simbolizan la sangre y las tinieblas.

La Pascua de Resurrección (*Abril–Junio*)

Esta temporada comienza con el día de Pascua de Resurrección y continúa por siete semanas hasta el Día de Pentecostés. Trae esperanza y regocijo junto con un sentido de responsabilidad de ayudar a aliviar la injusticia, la explotación y la negación de la dignidad humana.

Colores litúrgicos: *blanco*, que simboliza pureza, regocijo y la luz de la verdad.

Pentecostés (*Junio–Noviembre*)

El Día de Pentecostés concluye la celebración de la Pascua de Resurrección. El cumpleaños de la iglesia se conmemora cincuenta días después de la Pascua de Resurrección, recordando el descenso del Espíritu Santo sobre los nuevos creyentes y los apóstoles en Jerusalén.

Colores litúrgicos: *verde*, que simboliza la vida de la tierra, la naturaleza y la esperanza.

5

Los Discípulos y la Misión

Búsqueda de la Unidad

Resumen General

La iglesia del Nuevo Testamento era una hermandad informal de aquellos que creían en Jesucristo. Comunidades de cristianos se establecieron a través de gran parte del mundo mediterráneo, pero no había una estructura unificante, un patrón uniforme de organización local, ni un orden ministerial constituido. La inercia histórica aún no había llevado a la iglesia a través de su crecimiento natural hacia una organización porque hasta ese momento todavía no se habían reconocido ni tareas de largo alcance ni de gran escala. La unidad se alojaba en el espíritu y en el señorío de Jesucristo.

Con el paso de los siglos, la iglesia se fue institucionalizando cada vez más. Durante la Reforma Protestante del siglo dieciséis, la iglesia formalizada de Europa Occidental fue suplantada por un patrón de religiones nacionales diversas que mantuvieron la alianza medieval entre la iglesia y el estado. Las reformas políticas revolucionarias de siglos posteriores engendraron el nuevo sistema denominacional, el cual era particularmente adaptable al ambiente americano de libertad e igualdad.

Tradiciones de los Discípulos

El impulso ardiente por la unidad cristiana ha sido el linaje de la Iglesia Cristiana (Discípulos de Cristo) durante los dos siglos de su existencia. El concepto de unidad ha tomado una forma nueva con cada generación, evolucionando de una mezcla de fragmentos religiosos en comunidades locales de principios del siglo diecinueve a un diseño de estructuras corporativas universales del siglo veinte, y a la búsqueda presente de una unión que abraza la diversidad.

Con la esperanza de lograr paz y armonía en las comunidades en las que servían, Barton Stone y Tomás Campbell buscaban una unidad implícita de espíritu y carácter entre las piezas diferentes de la iglesia. Stone se visualizaba a sí mismo y a sus seguidores como pacificadores que aminoraban las divisiones denominacionales y seguían la «estrella polar» de la unidad bajo el denominador común de Cristo. Tomás Campbell condenó la «naturaleza infame... de la controversia religiosa entre los cristianos,» pero reconoció que la iglesia tenía que existir en sociedades diversas y separadas localmente. En una de las declaraciones más importantes en toda la historia del ecumenismo, Campbell ofreció su creencia de que la «división rígida» podía evitarse aceptando el principio de que «la Iglesia de Cristo en la tierra es esencial, intencional y constitucionalmente una». La pasión intensa por la unidad a veces confligía con la pasión más intensa por las expresiones individuales de fe, conflicto que ha entorpecido repetidamente las iniciativas de unidad. Los movimientos Stone-Campbell eventualmente se constituyeron en una unión que fue hecha posible por su localismo y el grado de elasticidad de su organización que permitía la diversidad. Fue la primera y la última instancia de unión que ocurrió en la historia de los Discípulos en los Estados Unidos y Canadá.

La «estrella polar» de la unidad se oscureció por algún tiempo a fines de la década de 1880, cuando el movimiento Stone-Campbell concentró su esfuerzo en la restauración de la iglesia del Nuevo Testamento. Los esfuerzos de restauración resultaron en disensión en vez de unidad, produciéndose tres denominaciones distintas.

Bajo la dirección profética de líderes como Peter Ainslie, Charles Clayton Morrison, George G. Beazley, Jr., y Paul A. Crow, Jr., la Iglesia Cristiana (Discípulos de Cristo) ha sido reconocida como una de las voces más enérgicas de la cristiandad en promover la reforma ecuménica durante el siglo veinte. Los Discípulos se han relacionado activamente con todas las estructuras conciliares principales, incluyendo el Conejo Federal de Iglesias (1908), el Consejo Mundial de Iglesias (1948) y el Consejo Nacional de Iglesias (1950). Actualmente una pastora Discípulo, la Reverenda Joan Campbell, sirve como Secretaria General del Consejo Nacional. En el 1910 los Discípulos formaron el Consejo para la Unión Cristiana, ahora Consejo para la Unidad Cristiana, la primera agencia ecuménica de esta clase creada por una denominación para cultivar el ideal de unidad.

Durante todo el siglo, los Discípulos han seguido la estrella polar a numerosas conversaciones hacia una unión corporativa en gran escala. Estos esfuerzos han incluido el Plan Filadelfia (1918), el Plan Greenwich (1946–57), conversaciones con los Bautistas Americanos (1940s–1950s), conversaciones con la Iglesia Unida de Cristo que condujeron a un compromiso de asociación ecuménica (1961–1966, 1977 hasta el presente) y el esfuerzo más abarcador de todos, la Consulta sobre la Unión de la Iglesia (1960 hasta el presente).

Al entrar en los años finales del siglo veinte, la estrella polar de la Iglesia Cristiana (Discípulos de Cristo) continúa fulgurante. La búsqueda de la unidad prosigue como una búsqueda refinada. Es una búsqueda de unidad a través de una fe común en Cristo, una unidad de la humanidad, unidad en libertad, una unidad que abarca una diversidad vasta de creencias, y una unidad que tiene que comenzar en el alma de cada persona.

Afirmaciones de los Discípulos

Deseamos que este cuerpo muera, que se disuelva y se sumerja en unidad con el Cuerpo de Cristo en su totalidad; pues sólo hay un Cuerpo y un Espíritu, como fuimos llamados en una esperanza de nuestra vocación.

*Última Voluntad y Testamento
del Presbiterio de Springfield, 1804*

Que la iglesia de Cristo en la tierra es esencial, intencional y constitucionalmente una; y consiste de todos aquellos que en todo lugar profesan su fe en Cristo.

Declaración y Mensaje, 1809

Dentro de la familia total de Dios en la tierra, la iglesia surge doquiera los creyentes en Cristo Jesús se congregan en su nombre.

El Diseño

Las Escrituras

Mas no ruego solamente por éstos, sino también por los que han de creer en mí por la palabra de ellos, para que todos sean uno...

Juan 17:20–21

...un cuerpo, y un Espíritu, como fuisteis también llamados en una misma esperanza de vuestra vocación; un Señor, una fe, un bautismo, un Dios y Padre de todos, el cual es sobre todos, y por todos, y en todos.

Efesios 4:4–6

Os ruego, pues, hermanos, por el nombre de nuestro Señor Jesucristo, que habléis todos una misma cosa, y que no haya entre vosotros divisiones, sino que estéis perfectamente unidos en una misma mente y en un mismo parecer. Porque he sido informado acerca de vosotros, hermanos míos, por los de Cloé, que hay entre vosotros contiendas. Quiero decir, que cada uno de vosotros dice: Yo soy de Pablo; y yo de Apolos; y yo de Cefas; y yo de Cristo. ¿Acaso está dividido Cristo?

1 Corintios 1:10–13

Misión Global

Resumen General

Las últimas palabras de Jesucristo a sus discípulos fueron: «Por tanto, id y haced discípulos a todas las naciones» (Mateo 28:19). Respondiendo a esta Gran Comisión, los apóstoles viajaron en todas direcciones a través del mundo conocido, proclamando a Cristo. Su mensaje trascendió naciones, razas, clases y culturas. Todos los seres humanos en la tierra eran vistos como hijos de Dios unidos como el pueblo de Dios por la fe en Jesucristo.

Tradiciones de los Discípulos

El movimiento Stone-Campbell estuvo entre los líderes del protestantismo en el desarrollo de una red de misiones ultramarinas. El movimiento envió misioneros extranjeros tan reciente como el 1849. Para el 1918, el número de misioneros sostenidos por la Sociedad Misionera Cristiana para el Extranjero totalizaba 185 personas estacionadas en todos los rincones de la tierra. Los líderes de este impulso misionero fueron Caroline Neville Pearre de la Junta de Misiones de la Mujer Cristiana y Archibald McLean de la Sociedad Misionera Cristiana para el Extranjero.

El carácter del trabajo misionero de los Discípulos durante los siglos diecinueve y principios del veinte fue eminentemente evangelístico y denominacional. Las congregaciones y los individuos apoyaron generosamente el esfuerzo aportando fondos, aceptando misioneros y donando una dote para la fundación de un Colegio de Misiones para la preparación de misioneros. Aunque la formación de la Sociedad Misionera Cristiana Unida en 1919 combinó los programas domésticos y ultramarinos en una sola misión, el carácter y el énfasis del segmento de misiones ultramarinas permaneció substancialmente inalterado durante la Segunda Guerra Mundial.

En el 1959, se produjo un cambio en el esfuerzo misionero de los Discípulos al aprobarse una declaración de política institucional titulada «Estrategia para una Misión Mundial: Política Fundamental de la División de Ministerios Ultramarinos de la Sociedad Misionera Cristiana Unida». Esta nueva declaración nació de la reacción en contra de los efectos asfixiantes del denominacionalismo, el colonialismo y el imperialismo sobre la misión de la iglesia. Formulada sobre una afirmación de la dignidad humana, la libertad y la justicia económica como asuntos legítimos de la fe cristiana, la declaración establecía que el esfuerzo misionero debía estar íntimamente relacionado con la vida del pueblo ayudándole en el desarrollo de formas autóctonas de adoración, liderato, organización y teología. Fue atrevida en su llamado a abandonar el «carácter dominante antiguo» y practicar la misión en un contexto ecuménico con un propósito multiforme de proclamación, hermandad y servicio. La intención expresa de esta estrategia innovadora era que fuese cambiante, flexible y abierta. Este cambio en el enfoque misionero fue ratificado por los Discípulos en la Asamblea General en el 1981.

El poner en ejecución la estrategia nueva transformó el carácter del programa de misiones ultramarinas de los Discípulos. El personal nuevo se envía a ultramar, no a iniciativa de la Iglesia Cristiana (Discípulos de Cristo), sino como respuesta a solicitudes de las iglesias en los lugares en los cuales los misioneros van a servir. Éstos son seleccionados a base de destrezas específicas requeridas para la situación en particular; asignados por un tiempo corto y usualmente financiados por consorcios ecuménicos. En el 1991, el personal de la Iglesia Cristiana (Discípulos de Cristo) en asignaciones ultramarinas consistía de 103 hombres y mujeres en 30 países asignados a las áreas geográficas siguientes: 40 en Asia, 27 en América Latina, 26 en África y 10 en Europa. Los educadores constituían el grupo profesional mayor con 38, comparado con 8 en administración de iglesias, 18 en desarrollo de comunidades, 7 en labores pastorales, 16 en medicina y nombramientos individuales en una variedad de otros campos. La colaboración plena con la Junta para Ministerios Mundiales de la Iglesia Unida y con el Consejo Nacional de las Iglesias de Cristo en los Estados Unidos de América provee numerosos canales a través de los cuales la Iglesia Cristiana (Discípulos de Cristo) participa en ministerios globales comunes.

El proceso de restructura de finales de la década del sesenta alteró el carácter organizacional de la administración de los Discípulos de los ministerios ultramarinos. La Sociedad Misionera Cristiana Unida fue convertida en una compañía matriz y se crearon dos divisiones nuevas relacionadas integralmente con la iglesia: la División de Ministerios Ultramarinos y la División de Ministerios Domésticos. A través de la División de Ministerios Ultramarinos, la Iglesia Cristiana (Discípulos de Cristo) se relaciona directamente con iglesias hermanas en el exterior. Esa relación directa de iglesia a iglesia, en contraste con la de sociedades a iglesia, representa un cambio dramático de relaciones, concepto originado por los Discípulos. Este nuevo concepto le ha permitido a la Iglesia Cristiana (Discípulos de Cristo) «participar fielmente en el ministerio de Cristo de testimonio, servicio y reconciliación en todo el mundo,» y de renovar su esfuerzo para cumplir con la encomienda dada por Cristo en la antigüedad.

Afirmaciones de los Discípulos

En el nombre de Cristo y por su gracia aceptamos nuestra misión de testimonio y servicio a toda la humanidad.

El Diseño

Las Escrituras

...Toda potestad me es dada en el cielo y en la tierra. Por tanto, id, y haced discípulos a todas las naciones, bautizándolos en el nombre del Padre, y

del Hijo, y del Espíritu Santo; enseñándoles que guarden todas las cosas que os he mandado; y he aquí yo estoy con vosotros todos los días, hasta el fin del mundo.

Mateo 28:18–20

…y me seréis testigos en Jerusalén, en toda Judea, en Samaria, y hasta lo último de la tierra.

Hechos 1:8

6

Los Discípulos y los Asuntos Ético-Morales

Tradiciones de los Discípulos

Desde sus orígenes como gente rural y su creencia en la soberanía de la libre opción, los Discípulos demoraron en desarrollar una conciencia social colectiva. Aislados socialmente y concentrándose en esfuerzos misioneros y en su propio crecimiento como movimiento, le asignaron una prioridad baja a los asuntos ético-morales de la sociedad que los rodeaba.

La industrialización rápida de América durante las décadas finales del siglo diecinueve engendró una gama amplia de problemas sociales que despertó un nuevo interés hacia lo moral entre los Discípulos. Entre los problemas se encontraban las disputas violentas obrero-patronales, la calidad de vida en una sociedad en rápido desarrollo, el incremento en las clases oprimidas económica y políticamente y una gama amplia de asuntos en el área de los derechos humanos y civiles. Sensibilizados por estos desórdenes sociales, los Discípulos debatían si el rol de la iglesia era evangelizar personas o envolverse activamente en esfuerzos para cambiar el ambiente social. Su decisión fue intentar ambos.

Aunque los Discípulos del siglo diecinueve raramente hablaban a una voz en asuntos sociales controversiales, puede señalarse una excepción notable. La controversia mayor de esa época era la elaboración y venta de licor, cosa a la que los Discípulos se oponían universalmente y contra la cual ejercieron influencia política siempre que les fue posible. Las hazañas sensacionales de Carry Nation enfocaron la atención nacional hacia los Discípulos y su apoyo firme a la prohibición.

Después de la adopción en 1968 del pacto de *El Diseño*, la Iglesia Cristiana (Discípulos de Cristo) tuvo un medio representativo para expresarse como iglesia global y comenzó a hacerlo regularmente. En sus once Asambleas Generales (1969-1989) desde entonces, la iglesia se ha expresado en más de 220 ocasiones a través de resoluciones formales sobre los asuntos ético-morales del momento. Esto representa casi una tercera parte de todas las acciones oficiales de la iglesia durante todos los veinte años, hecho que da fe de la conciencia social y de la disposición de los Discípulos a utilizar su voz colectiva para influenciar el ambiente social. Sin embargo, estas declaraciones nunca asumen que hablan por todos los Discípulos, lo cual se entiende mal frecuentemente. Las resoluciones sobre asuntos ético-morales llaman a la iglesia al estudio y al compromiso pero no imponen sobre sus miembros posiciones sostenidas universalmente.

Éste es uno de los aspectos de la tenacidad de los Discípulos en defender la libertad de decisión personal. Prestando atención al ímpetu de su propia fundación, los Discípulos todavía son un pueblo presto a retar cualquier fuente de autoridad que no comienza con un acto de decisión personal. Un ejemplo de esta continua tradición Discípulo se ilustra en la resolución en 1975 relacionada con el tema controversial aún vigente del aborto. La resolución se tituló "Con Relación a la Libertad Individual en Decisiones sobre el Aborto" y contenía los acuerdos siguientes:

1. Afirmar el principio de libertad individual, libertad de conciencia individual y santidad de vida para todas las personas.

2. Respetar las diferencias en creencias religiosas respecto al aborto y oponer, de acuerdo con los principios de

libertad religiosa, cualquier intento de legislar una opinión o creencia religiosa específica concerniente al aborto sobre todos los americanos.

Aunque los Discípulos como un cuerpo pueden desaprobar la práctica general del aborto, reconocen un peligro mayor en el legislar una opinión moral única para todas las personas, coartando con ello la libertad de la decisión personal. En asuntos ético-morales relacionados con la conducta personal, los Discípulos tienden a afirmar y reafirmar esta posición la cual es una parte muy preciada de su herencia.

Por otra parte, la Asamblea General de la Iglesia Cristiana (Discípulos de Cristo) con frecuencia asume posiciones definitivas en materias que afectan el gobierno de la comunidad social en general. Sobre el asunto de la pena de muerte, los Discípulos aprobaron resoluciones en 1957, 1962, 1973 y 1975, en las cuales la iglesia ha reafirmado repetidamente su «posición histórica en contra de la pena de muerte y llama a sus miembros a oponerse a los intentos de pasar legislación sobre ella.»

A través de su Asamblea General, la iglesia se expresó sobre una gama amplia de asuntos durante dos décadas, del 1969–1989.

Asuntos *Número de Resoluciones*

	1969–79	1981–89	Total
Prioridades de la Iglesia Cristiana	3	3	6
Ética Biomédica	0	4	4
Contribuciones Benéficas	0	1	1
Libertades Civiles	4	0	4
Justicia Criminal	4	1	5
Cultos	0	1	1
Ecología, Estilo de Vida Cristiana	5	11	16
Familia	9	7	16
Control de Armas de Fuego	2	1	3
Seguro de Salud	3	1	4
Derechos Humanos	6	2	8
Hambre	8	2	10

Inmigración, Refugiados	1	7	8
Relaciones Internacionales	13	27	40
Relaciones Laborales	6	2	8
Idioma	0	1	1
Medios Publicitarios, Televisión	2	0	2
Moralidad, Pública y Privada	9	6	15
Paz, Guerra	13	19	32
Asuntos Raciales/Étnicos	2	7	9
Sexualidad	11	4	15
Naciones Unidas	2	0	2
Urbanización	1	0	1
Servicios Voluntarios	0	2	2
Oficina de los Discípulos en Washington	0	1	1
Pobreza, Reforma de Asistencia Social	4	0	4

De esta lista emergen unas tendencias perceptibles, incluyendo (1) una protección clara del derecho individual a decidir, y (2) la ausencia de manifiestos rígidos diseñados para gobernar el estilo de vida individual.

Los Discípulos han desarrollado claramente una conciencia social y se inclinan a expresarse francamente sobre asuntos en los campos socioeconómicos, políticos e internacionales. En materia de moralidad personal, los Discípulos tienen confianza plena en la habilidad de los individuos para formar juicio por ellos mismos. Si se pregunta sobre la corrección moral de tener un aborto, acerca de la expresión apropiada de la sexualidad humana, sobre el divorcio, el consumo de drogas o bebidas alcohólicas, o la participación en un sinnúmero de otras actividades que plantean cuestiones de naturaleza ética o moral, la Iglesia Cristiana (Discípulos de Cristo) *no* va a proveer una guía sistemática para la conducta personal de cada persona. Sin embargo, sí insistirá en que cada cual estudie detenidamente las enseñanzas morales y éticas de Cristo y que asuma responsabilidad moral total por las decisiones personales que tome.

Afirmaciones de los Discípulos

POR CUANTO, muchos individuos así como la cultura en general, están experimentando confusión con relación a las metas de la vida y a los principios que guían la conducta, así como el quebrantamiento de los patrones, estructuras y disciplinas que los han guiado anteriormente en todos los aspectos de la vida:

POR TANTO, RESUÉLVASE, que la (Asamblea) declare nuevamente su lealtad al resumen de la ley que hizo Jesús de amar a Dios con todo nuestro corazón, alma, mente y fuerza; y de amar al prójimo como a nosotros mismos; y

RESUÉLVASE ADEMÁS, que la Asamblea haga un llamado a los miembros de la Iglesia Cristiana (Discípulos de Cristo) a reafirmar esta lealtad a la voluntad divina en sus oraciones, su pensamiento sobre la moralidad y la ética, su conducta personal, sus acciones públicas y las actividades y enseñanzas de sus congregaciones.

Concerniente a la Moralidad Cristiana, 1979
Resolución 7956 de la Asamblea General

Las Escrituras

Yo pues, preso en el Señor, os ruego que andéis como es digno de la vocación con que fuisteis llamados.

Efesios 4:1

«Sed, pues, vosotros perfectos, como vuestro Padre que está en los cielos es perfecto».

Mateo 5:48

Por lo demás, hermanos, todo lo que es verdadero, todo lo honesto, todo lo justo, todo lo puro, todo lo amable, todo lo que es de buen nombre; si hay virtud alguna, si algo digno de alabanza, en esto pensad.

Filipenses 4:8

Oh mortal, él te ha declarado lo que es bueno, y qué pide Jehová de ti: solamente hacer justicia, y amar misericordia, y humillarte ante tu Dios.

Miqueas 6:8

¿De qué aprovechará, hermanas y hermanos míos, si alguno dice que tiene fe, y no tiene obras? ¿Podrá la fe salvarle? Y si un hermano o una hermana están desnudos, y tienen necesidad del mantenimiento de cada día, y alguno de vosotros les dice: Id en paz, calentaos y saciaos, pero no les dais las cosas que son necesarias para el cuerpo, ¿de qué aprovecha? Así también la fe, si no tiene obras, es muerta en sí misma.

Santiago 2:14–17

Venid, benditos de mi Padre, heredad el reino preparado para vosotros desde la fundación del mundo. Porque tuve hambre, y me disteis de comer; tuve sed, y me disteis de beber; fui forastero, y me recogisteis; estuve desnudo, y me cubristeis; enfermo, y me visitasteis; en la cárcel, y vinisteis a mí.

Mateo 25:34–36

7

Los Discípulos y la Estructura Eclesiástica

El Ministerio

Resumen General

Las cartas pastorales del tiempo del Nuevo Testamento circulaban entre las comunidades nuevas de creyentes que se desarrollaban, exhortándoles a nombrar líderes para una «tarea noble». Aquellos que se nombraron eran gente común seleccionada de entre las filas de los cristianos del siglo primero, y se les dieron varios títulos, incluyendo el de anciano, diácono y obispo. Tales nombramientos revelan una afirmación de la confianza en el juicio común, una visión reforzada por el énfasis dado al carácter más que a la función, en las frases de las cartas pastorales.

En el transcurso de un siglo la iglesia en evolución gradualmente sustituyó su ministerio informal con un orden clerical formal. Para la época medieval la función del clero profesional había sido sistematizada en una uniformidad férrea, aunque pronto cedió a una diversificación nueva y amplia debido a la explosión de las prácticas eclesiales durante la Reforma. A través de la cristiandad hoy día existe un consenso mínimo sobre cuatro categorías amplias de responsabilidades ministeriales:

- Predicación y enseñanza
- Dirección de la adoración y administración de los sacramentos
- Cuidado pastoral a las personas
- Administración del trabajo de la iglesia

No hay consenso entre las diversas denominaciones ni entre las diversas congregaciones sobre la prioridad de una categoría general de responsabilidad ministerial sobre otra. La decisión depende mayormente de las necesidades del momento en cada congregación.

Tradiciones de los Discípulos

Los fundadores del movimiento de los Discípulos desarrollaron sus nociones del ministerio desde su desdén por un clero formal, su desconfianza en la autoridad y su creencia firme en el concepto de libertad congregacional. Por la autoridad recibida a través de Cristo cada congregación estaba autorizada para ordenar y emplear personas en posiciones de liderato pastoral. Los escogidos para ser líderes eran personas comunes llamadas de los campos de labranza, de las villas, de los talleres y las fábricas, ordenados por acuerdo con la congregación local y a los que se referían por las variantes de mensajeros, ancianos, diáconos o evangelistas. Los Discípulos caminaron la línea divisoria entre el gobierno clerical y la anarquía clerical declarando que la distinción entre el clero y el laicado era más un asunto de grado que de carácter.

Con el paso de las décadas, la necesidad de un clero responsable provocó el desarrollo gradual de un ministerio profesional entre los Discípulos que hubiese satisfecho los requerimientos de una educación teológica especializada y un conjunto de requisitos para su ordenación. Durante el proceso de la restructura se desarrollaron normas y criterios para el ministerio para la iglesia como un todo. Las regiones autorizan la ordenación y certifican la posición de los ministros, mientras que las congregaciones retienen el derecho de llamar a sus ministros y asumen la responsabilidad de sostenerlos en fidelidad y honor. El convenio entre pastor y congregación es aún el factor decisivo y de confirmación final para el ministerio.

Afirmaciones de los Discípulos

El ministerio fundamental dentro de la iglesia es el de Jesucristo.... Por virtud de ser miembro de la iglesia, cada cristiano se incorpora al ministerio colectivo del pueblo de Dios.... Además, la iglesia reconoce un orden ministerial escogido u ordenado bajo Dios, para equipar a todo el pueblo para realizar su ministerio colectivo.

El Diseño

Por la *ordenación,* la iglesia reconoce que las personas ordenadas, en el cumplimiento de su llamado como siervos de Cristo, poseen las habilidades, cualidades y preparación necesarias para el desempeño de las funciones asignadas, acepta su ministerio en y para la Iglesia Cristiana (Discípulos de Cristo) y para todo el cuerpo de Cristo, promete apuntalar ese ministerio y le concede autoridad para desempeñar ese ministerio como un representante de la iglesia.

...las regiones y las congregaciones que la integran comparten la responsabilidad por la ordenación. Asignada específicamente a las regiones es la responsabilidad de establecer procedimientos para evaluar a los aspirantes, admitirlos a la candidatura, velar por su formación, autorizar la ordenación y supervisar el acto de la ordenación.

El candidato usualmente será recomendado para ordenación por una congregación o congregaciones reconocidas de la Iglesia Cristiana (Discípulos de Cristo).... El servicio normalmente tendrá lugar en la congregación.

Los ministros ordenados y licenciados que continúen la práctica autorizada del ministerio mantienen su posición como tales en la Orden Ministerial de la Iglesia Cristiana (Discípulos de Cristo).

*Política y Criterios para la
Ordenación al Ministerio, 1977*

Las Escrituras

Y él mismo constituyó a unos, apóstoles; a otros, profetas; a otros, evangelistas; a otros, pastores y maestros, a fin de perfeccionar a los santos para la obra del ministerio, para la edificación del cuerpo de Cristo.

Efesios 4:11–12

¿Cómo, pues, invocarán a aquel en el cual no han creído? ¿Y cómo creerán en aquel de quien no han oído? ¿Y cómo oirán sin haber quien les predique? ¿Y cómo predicarán si no fueren enviados? Como está escrito: ¡Cuán hermosos son los pies de los que anuncian la paz, de los que anuncian buenas nuevas!

Romanos 10:14–15

Y constituyeron ancianos en cada iglesia, y habiendo orado con ayunos, los encomendaron al Señor en quien habían creído.

Hechos 14:23

Si alguno anhela obispado, buena obra desea. Pero es necesario que el obispo sea irreprensible, marido de una sola mujer, sobrio, prudente, decoroso, hospedador, apto para enseñar; no dado al vino, no pendenciero, no codicioso de ganancias deshonestas, sino amable, apacible, no avaro; que gobierne bien su casa, que tenga a sus hijos en sujeción con toda honestidad (pues el que no sabe gobernar su propia casa, ¿cómo cuidará de la iglesia de Dios?); no un neófito, no sea que envaneciéndose caiga en ía condenación del diablo. También es necesario que tenga buen testimonio de los de afuera, para que no caiga en descrédito y en lazo del diablo.

1 Timoteo 3:1–7

Los ancianos que gobiernan bien, sean tenidos por dignos de doble honor, mayormente los que trabajan en predicar y enseñar.

1 Timoteo 5:17

El Laicado

Resumen General

Con el despertar religioso del protestantismo a fines del siglo dieciocho y principios del siglo diecinueve, marchaba un elemento laico naciente. Debido a la separación entre iglesia y estado que condujo a la dependencia en la feligresía para el sostenimiento financiero de la iglesia, personas laicas asumieron nuevas iniciativas y se les concedieron posiciones de mayor significado en la vida de la iglesia. Los laicos asumieron un rol particularmente activo en el movimiento de escuela dominical, el desarrollo de sociedades bíblicas y la creación de asociaciones cristianas. El movimiento laico cobró tal fuerza que algunos teólogos se refirieron al desarrollo como la era del «cristianismo laico». El principio del «sacerdocio de todos los creyentes» se movió repentinamente de una discusión teológica abstracta a una realidad práctica.

Tradiciones de los Discípulos

El movimiento Stone-Campbell nació en el apogeo del avivamiento con su acompañamiento de la emancipación del laicado. Los Discípulos y los Cristianos por igual guardaron sagradamente el principio de la soberanía laica en sus congregaciones. Reconociendo una distinción tenue entre laicos y clero, los primeros reformadores facultaron a los miembros de las congregaciones para administrar la Cena del Señor, enseñar, predicar y ocupar el cargo principal de anciano en la estructura congregacional.

A medida que las estructuras nacionales evolucionaron de la búsqueda para ayudar a las congregaciones a cooperar unas con las otras en un propósito más amplio, los laicos, tanto hombres como mujeres, eran escogidos frecuentemente para dirigir y para ministrar. El laicado ha mantenido su posición en el Discipulado durante el siglo veinte. Las juntas de gobierno locales y los cuerpos de ancianos de cada congregación continúan estando constituidos y dirigidos por laicos. El cargo electivo más alto en la Iglesia Cristiana (Discípulos de Cristo) es el de moderador, posición que ha sido ocupada tan frecuentemente por laicos como por ministros, lo que evidencia que «el sacerdocio de todos los creyentes» es un asunto de gran seriedad para los Discípulos.

¿Quiénes y cuántos componen el cuerpo laico Discípulo? Aunque en conjunto la gente que compone la Iglesia Cristiana (Discípulos de Cristo) es un poco mayor y un poco menos cosmopolita que la totalidad de la nación, representa en general una muestra razonable de la clase media. Las estadísticas de la iglesia de 1990, según compiladas por la Oficina de Investigación, comparadas con el informe del censo de los Estados Unidos, ofrece un contexto en el cual se puede descubrir la historia de los números. (Se incluye para ayudar en la comparación un número estimado de jóvenes hijos de padres Discípulos y que no se han bautizado todavía.)

Edad	Discípulos		Población en EU
0–4	38,500	3.50%	7.50%
5–14	146,080	13.28%	14.03%
15–24	136,620	12.42%	15.72%
25–34	111,100	10.10%	17.80%
35–44	173,580	15.78%	14.09%
45–54	118,580	10.78%	9.55%
55–64	130,130	11.83%	9.05%
65–74	139,810	12.71%	7.26%
75–84	77,110	7.01%	3.82%
85 +	28,490	2.59%	1.18%
Total	1,100,000		
Hombres		46.1%	48.70%
Mujeres		53.8%	51.30%

La iglesia es «divina en intención y humana en organización» y cada generación de la iglesia se convierte en una encarnación contemporánea. Primero, último y siempre, los Discípulos afirman que la iglesia es gente.

Afirmaciones de los Discípulos
Dentro de toda la familia de Dios en la tierra, la iglesia aparece allí doquiera los creyentes en Cristo Jesús se congregan en su nombre.

El Diseño

Las Escrituras
Porque así como el cuerpo es uno, y tiene muchos miembros, pero todos los miembros del cuerpo, siendo muchos, son un solo cuerpo, así también Cristo. Porque por un solo Espíritu fuimos todos bautizados en un cuerpo.... Vosotros, pues, sois el cuerpo de Cristo, y miembros cada uno en particular.

1 Corintios 12:12–13, 27

El Diseño

Tradiciones de los Discípulos
El movimiento Stone-Campbell tuvo sus raíces en una aversión a la autoridad eclesiástica. Los primeros esfuerzos hacia la cooperación entre congregaciones fueron de carácter asociativo, lo que limitaba su efectividad en la creación de programas de largo alcance y a largo plazo. En su tradición de libertad eclesiástica, los Discípulos abordaron los asuntos de organización en términos pragmáticos más que teológicos. El primer intento para mejorar la eficiencia organizativa de los Discípulos en el siglo veinte, fue la formación de la Convención Internacional en el 1917, una asociación cuya labor era

complementada por la Sociedad Misionera Cristiana Unida, la cual consolidaba seis agencias eclesiásticas independientes.

El Discípulado logró su avance estructural más significativo con el desarrollo imaginativo de un *Diseño* de un pacto en lugar de una constitución formal. Buscando una expresión más cabal del significado de iglesia, *El Diseño*, teológicamente fundamentado, proveyó un medio para que tres manifestaciones—congregaciones, regiones y unidades generales—se unieran voluntariamente en un pacto que les unía entre sí y con Dios. La relación de estas tres manifestaciones es una de interdependencia mutua, apoyo mutuo y mutua responsabilidad, a la vez que se protege cuidadosamente la integridad de cada una de las manifestaciones. No existe autoridad piramidal; no hay "arriba" o "abajo." Es un diseño para *una* iglesia, no tres.

La Congregación Local

Por medio de un pacto, la Iglesia Cristiana (Discípulos de Cristo) «se manifiesta en las congregaciones.» Las congregaciones locales se organizan para ayudar a cada miembro a participar en la vida de toda la iglesia y para ayudar a toda la iglesia a operar como una totalidad. Dentro de la estructura corporativa de la Iglesia Cristiana (Discípulos de Cristo) cada congregación disfruta de derechos específicos y comparte en responsabilidades específicas. Entre los derechos de cada congregación que protege *El Diseño* están el derecho de administrar sus propios asuntos, el derecho a poseer y controlar sus propiedades, el derecho a constituir su propia naturaleza y nombre corporativo, el derecho a llamar a su propio ministro, el derecho a establecer su política financiera y el derecho a participar a través de sus representantes electos en la formulación de los criterios corporativos de la iglesia en general. La libertad siempre va acompañada de la responsabilidad. Entre las responsabilidades citadas en *El Diseño* para cada congregación están la responsabilidad de administrar el bautismo y la Cena del Señor, la responsabilidad de sostener su ministro fielmente y con honor, la responsabilidad de ejercer

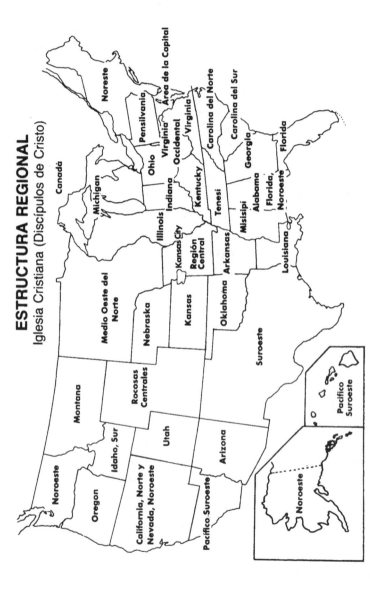

[1] El mapa es cortesía de la División de Educación Superior, Iglesia Cristiana (Discípulos de Cristo), San Luis, Misuri.

una mayordomía efectiva en el trabajo de la iglesia en general y la responsabilidad de reconocer la iglesia como una confraternidad universal.

La Manifestación Regional

Por virtud de su afiliación a una congregación local reconocida, un Discípulo es también miembro de la región donde está ubicada la congregación. Hay treinta y seis unidades geográficas, llamadas regiones, dentro de la Iglesia Cristiana (Discípulos de Cristo), cada una a cargo de diversas funciones bajo las categorías amplias de misión y formación. La responsabilidad *misionera* de la región incluye liderato en el desarrollo de un entendimiento sensible de las necesidades humanas más allá de la congregación, liderato en el descubrimiento de nuevas formas de testimonio ministerial, y liderato en la búsqueda de medios ecuménicos para realizar la misión. Las responsabilidades regionales de *formación* son más específicas, e incluyen las de certificar la posición de los ministros, proveer cuidado pastoral a ministros y congregaciones, supervisar el proceso de ordenación y relocalización de ministros, y ayudar a cada congregación en su relación con la manifestación general de la iglesia.

Cada región, al igual que cada congregación, se reserva para sí ciertos derechos, tales como el de constituir su junta de gobierno, reglamentos y presupuesto; poseer propiedades, llamar su personal ministerial; y estar representada en el desarrollo de la formulación de los criterios corporativos de la iglesia en general. El mapa que sigue ilustra la configuración geográfica de la Iglesia Cristiana (Discípulos de Cristo).[1*]

La Manifestación General

Cada miembro de una congregación Discípulos local es también por consiguiente, miembro de la Iglesia Cristiana (Discípulos de Cristo) en general, la cual se manifiesta en los Estados Unidos y Canadá a través de una organización general que se llama la Asamblea General. Ésta es una asamblea representativa bienal que refleja la totalidad y la unidad de la

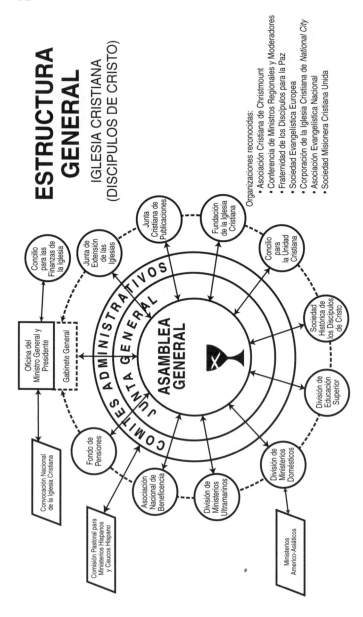

[2] El diagrama es cortesía de la Oficina del Ministro General y Presidente de la Iglesia Cristiana (Discípulos de Cristo), Indianapolis, Indiana.

iglesia. Es a través de esta asamblea que a la Iglesia Cristiana (Discípulos de Cristo) se le permite hablar con una sola voz a, y por, la gente del mundo sobre problemas socioeconómicos y necesidades humanas, examinar el trabajo de las unidades respectivas de la iglesia, y crear la base para la cooperación con otros cuerpos religiosos en la realización de una misión común de testimonio y servicio.

Para informar y ejecutar su trabajo, la Asamblea General cuenta con tres oficiales llamados moderadores los cuales no reciben remuneración; un oficial ejecutivo que recibe remuneración, designado como Ministro General y Presidente para toda la iglesia; una Junta General compuesta de 170 miembros; y once unidades administrativas, cada una responsable de funciones administrativas específicas, estudio y servicio. Aunque estos componentes están bajo la supervisión general de la Asamblea, también se desempeñan para el todo de las manifestaciones en el pacto: la Iglesia Cristiana (Discípulos de Cristo). El servicio y testimonio de la iglesia general se extienden a las congregaciones y regiones así como a otros cuerpos religiosos y a estructuras ecuménicas. La gráfica que sigue ilustra este *Diseño* único.[2*]

Afirmaciones de los Discípulos

Como miembro de todo el cuerpo de Cristo, cada persona que es o ha de ser miembro de una congregación reconocida de la Iglesia Cristiana (Discípulos de Cristo) es a la vez miembro de la región donde está localizada la congregación y de la Iglesia Cristiana (Discípulos de Cristo) en los Estados Unidos y Canadá.

La naturaleza de la iglesia, dada por Cristo, permanece inalterable a través de las generaciones; sin embargo, en fidelidad a su misión continúa adaptando sus estructuras a las necesidades y patrones de un mundo cambiante. Todo el señorío en la iglesia pertenece a Jesucristo, su Señor y cabeza, y todo ejercicio de autoridad en la iglesia sobre la tierra está sujeto a Su juicio.

El Diseño

Las Escrituras

...sino que siguiendo la verdad en amor, crezcamos en todo en aquel que es la cabeza, esto es, Cristo, de quien todo el cuerpo, bien concertado y unido entre sí por todas las coyunturas que se ayudan mutuamente, según la actividad propia de cada miembro, recibe su crecimiento para ir edificándose en amor.

Efesios 4:15–16

Porque de la manera que en un cuerpo tenemos muchos miembros, pero no todos los miembros tienen la misma función, así nosotros, siendo muchos, somos un cuerpo en Cristo, y todos miembros los unos de los otros.

Romanos 12:4–5

8

Los Discípulos como Miembros de la Iglesia

Resumen General

Desde los primeros días del Nuevo Testamento la gente manifestaba su creencia en Dios y su aceptación de Jesucristo mediante una sencilla confesión de fe. Era un acto de compromiso con la fe, la confraternidad, el testimonio y el servicio. La esencia de ese acto antiguo ha permanecido inalterada a través de veinte siglos. La experiencia de convertirse en miembro de la Iglesia Cristiana (Discípulos de Cristo) hoy día no es diferente a la del Nuevo Testamento. Se requiere de uno que haga pública profesión de fe, se bautice y acepte la responsabilidad y el gozo del compromiso.

Tradiciones de los Discípulos

La Confesión de Fe

Jesús le preguntó al apóstol Pedro, «¿Quién dicen ustedes que soy?» y Simón Pedro respondió, «Tú eres el Cristo, el Hijo del Dios viviente.» Esta confesión profunda se convirtió en el modelo por el cual todas las generaciones de cristianos han expresado su fe.

Al igual que generaciones y generaciones anteriores, usted está solo frente a la hermandad de los Discípulos y escucha la invitación eterna del pastor, «¿Cree que Jesús es el Cristo, el Hijo del Dios viviente, y lo acepta como Señor de su vida?» En paz, con firmeza y compromiso profundo usted responde, «¡Lo acepto!» Con esa profesión de fe su vida cristiana comienza.

En este acto usted ha convenido en recibir la influencia activa de Cristo en su vida. Ha acordado confiar en la voluntad de Cristo. Ha prometido fidelidad, y a partir de este momento Cristo reina en su mente y en su alma.

Qué Puede Esperar Usted de la Iglesia

Ya usted ahora pertenece a la Iglesia Cristiana (Discípulos de Cristo) y al pueblo total de Dios unido en una fe común. ¿Qué espera usted de esta hermandad?

La iglesia es una compañía de creyentes. En su presencia usted recibirá la gracia de Dios a través del bautismo. Es el lugar donde recibirá renovación de su fe a través del partimiento del pan y la adoración. La familia congregacional le proveerá una comunidad de apoyo que le sostendrá y le ayudará a mantenerse en el camino. La iglesia estará presente para santificar los eventos importantes de su vida familiar. Será el vehículo mediante el cual usted podrá canalizar su testimonio y su servicio a Cristo. Finalmente, la iglesia continuará educando la vida de su fe a través del estudio. Por lo tanto, usted puede esperar mucho y recibirá mucho de su iglesia.

Qué Puede Esperar la Iglesia de Usted

Los Discípulos atesoran su herencia de resistencia a los credos. Debido a esa herencia solamente hay una cosa que se le exige absolutamente a aquellos que pertenecen, y es que confiesen a Jesucristo como Señor. No hay ninguna otra clase de demanda absoluta.

La confesión de fe es un acto liberador que lo rescata del peso de valores falsos. Su nueva libertad contiene un grupo diferente de valores que están acompañados de expectativas, formas en que usted manifiesta su fe a través de la iglesia. Usted no puede medir su relación con la iglesia exclusivamente en términos locales. Esta relación debe mirarse primeramente en el sentido amplio de la misión a través del testimonio y el servicio. Sobre todo, se espera que usted ministre doquiera encuentre gente en necesidad, y que ame a su prójimo.

Mediante el compromiso de su confesión de fe, se espera que usted conduzca su vida con un sentido de responsabilidad moral; que participe en la vida orgánica de la estructura eclesiástica, que comparta en el liderazgo de la adoración, que adore regularmente tanto corporativa como personalmente, que sea un mayordomo responsable de todos sus recursos, y que entienda el carácter de la totalidad y la universalidad de la iglesia.

Como miembro de la Iglesia Cristiana (Discípulos de Cristo) usted recibirá oportunidades abundantes para testificar y para servir a Jesucristo. Responda en fidelidad.

Afirmaciones de los Discípulos

Confesamos que Jesús es el Cristo, el Hijo del Dios viviente, y lo proclamamos Señor y Salvador del mundo.

...la iglesia se manifiesta a sí misma en comunidades ordenadas de discípulos unidos para adorar, para confraternizar y para servir, y unidos en estructuras variadas para misión, testimonio y disciplina mutua, y para formación y renovación de sus miembros.

El Diseño

Las Escrituras

Respondiendo Simón Pedro, dijo: «Tú eres el Cristo, el Hijo del Dios viviente,»

Mateo 16:16

Porque de la manera que en un cuerpo tenemos muchos miembros, pero no todos los miembros tienen la misma función, así nosotros, siendo muchos, somos un cuerpo en Cristo, y todos miembros los unos de los otros.

Romanos 12:4–5